Biografies i Memòries, 36

EDICIONS 62

Francesc Escribano

Descalç sobre la terra vermella

Vida del bisbe Pere Casaldàliga

Edicions 62

Barcelona

Aquesta obra ha estat guardonada amb el III Premi Gaziel de Biografies i Memòries 1998. El premi ha estat instituït per la Fundació Comte de Barcelona —promoguda pel diari *La Vanguardia*— i per Edicions 62, amb l'objectiu de contribuir a la recuperació històrica de la Catalunya del segle xx. El jurat del Premi Gaziel ha estat presidit per Josep M. Castellet i integrat, a més, per Xavier Folch, Llorenç Gomis, Borja de Riquer i Joan Tàpia.

Disseny de la coberta: Pep Trujillo.

Primera edició: febrer de 1999.
Quarta edició: abril de 1999.

Peu de la Creu 4, 08001-Barcelona.
e-mail: correu @ grup62.com
internet: http://www.edicions62.com

Imprès a Hurope s.l., Lima 3, 08030-Barcelona.
DIPÒSIT LEGAL: B. 20.250-1999.
ISBN: 84.297-4508-4.

I

ELS PRIMERS PASSOS

Conservo una imatge nítida i contundent de la meva primera trobada amb Pere Casaldàliga: encara puc veure la seva figura, d'aspecte extraordinàriament fràgil, al meu costat, mentre passejàvem pels carrer polsosos i amarats de São Félix, i podria repetir gairebé de memòria cadascuna de les seves paraules: «Quan vaig arribar aquí, la primera cosa que vaig veure van ser els cossos de quatre infants morts que van deixar davant la porta de casa». Intentava escoltar-lo i al mateix temps seguir-li el vol de les mans, unes mans primes i llargues, que dibuixaven en l'aire el que havien vist els seus ulls: «Quatre nens morts ficats en unes capses de sabates, aquesta va ser la benvinguda que vaig tenir». Va alçar el braç, com si volgués esborrar aquell record, i amb una veu trencada per l'emoció va concloure: «De vegades, si no fos per l'esperança cristiana...».

Suposo que Pere Casaldàliga ha degut plorar moltes vegades des que va arribar al Brasil, però jo vaig ser testimoni d'aquelles llàgrimes i també de la passió que evidenciaven. Em van impressionar perquè estava plorant la seva gent. Casaldàliga va néixer i es va fer home a Catalunya, però si és alguna cosa més que això, ho és perquè ho ha trobat, o li ho ha donat aquesta terra americana. Un lloc on mai no han faltat motius per plorar ni causes per les quals lluitar.

Ha passat molt temps d'aquella primera trobada, l'any 1985. Espero que les coses hagin canviat i que la regió que em va impressionar llavors sigui ara una mica menys salvatge. Espero, també, tornar a veure Pere Casaldàliga amb la mateixa força i amb la mateixa determinació d'aleshores. De moment una cosa no ha canviat gaire: les dimensions de l'avioneta que fa el trajecte des de Brasília a São Félix do Araguaia, un bimotor minúscul que fa un soroll insuportable. Des de la finestreta contemplo la immensa catifa verda de la selva del Mato Grosso, clapejada de vegades per uns núvols baixos que no són altra cosa que el fum espès dels incendis provocats pels ramaders per preparar les noves pastures. Són quilòmetres i quilòmetres de verd, aigua i terra vermella. De tant en tant, sorprèn trobar una casa isolada, un petit poblat que fa intuir que allà baix, a més d'arbres, també hi ha gent.

La prelatura de l'Araguaia és extraordinàriament extensa, cent cinquanta mil quilòmetres quadrats, un territori similar a la tercera part de la geografia espanyola. Molta terra per a molt poca gent: la població de tota la regió no arriba als cent mil habitants. Davant aquesta immensitat em pregunto què ha vingut a buscar la gent aquí i per què va triar aquest lloc Casaldàliga.

A l'avioneta només viatgen quatre persones. L'aspecte que té el meu company de seient cridaria menys l'atenció si aparegués com a extra en una pel·lícula americana de cowboys, no hi desentonaria gens. Vesteix una combinació perfecta de roba texana, un gran barret blanc i botes de muntar. Després d'intercanviar les quatre frases que la bona educació imposa, ràpidament descobreix que sóc estranger i quin és el motiu del meu viatge. Per la manera de parlar, pel volum de veu i per la seva forma de mirar —de dalt a baix, com si encara no hagués baixat del cavall—, dedueixo que és un treballador qualificat d'algun dels nombrosos terratinents de la regió. «Així que aneu a veure el bisbe dom Pedro —em diu—. És un bon home». Potser sí que han canviat les coses, si algú que treballa per als terratinents de la regió té ben considerat Casaldàliga. No sabria dir si realment és sincer, per això després d'intercanviar quatre tòpics sobre el Brasil i Espanya intento aprofundir en la definició de «bon home». «És un bon home però el seu temps ja ha passat —afegeix el cowboy—. Fa uns anys, quan dom Pedro va arribar a São Félix va fer coses molt bones per millorar la vida dels pobres de la regió. Però ara són altres temps i es necessita un altre tipus de gent i un altre estil.» No cal insistir gaire perquè aquest personatge pintoresc s'esplaï dient què en pensa: «És un radical, es dedica més a la política que no pas a la religió. Potser faria bé de deixar la política, que és una cosa que no s'adiu gaire amb un home d'església. El que li acabo de dir —va concloure— no significa que no consideri dom Pedro com un bon home». Després d'aquests arguments considero més prudent tornar als tòpics sobre el Brasil i Espanya fins a la fi del viatge.

L'Araguaia, el riu que travessa la regió de São Félix, es va fent més i més gran a mesura que l'avioneta comença a planar lentament cap a la pista d'aterratge. Sento curiositat per tornar veure Casaldàliga, per saber com es troba, anhelo poder escoltar-lo una altra vegada... Són moltes les preguntes que tinc sobre la seva vida, sobre el que ha fet i el que encara fa en aquest país. Té més de setanta anys i en fa trenta que viu aquí. Trenta anys sense tornar a Catalunya que han canviat definitivament la seva vida, que l'han convertit en una figura tan admirada i venerada com perseguida i criticada. Em pregunto què li ha pogut donar aquesta terra per fer que aquest capellà crescut en l'ambient de la postguerra espanyola, provinent d'una família de dretes, hagi esdevingut un dels símbols de l'església revolucionària de l'Amèrica Llatina.

En baixar de l'avioneta la calor i la pols em colpegen i no em deixen respirar. Són gairebé les dotze d'un migdia de finals de juliol. Fa trenta anys que per aquestes mateixes dates, a la temporada seca, Casaldàliga va arribar a aquesta regió del Brasil en què l'any només té dues estacions marcades per les pluges. A la fi de la llarga pista d'aterratge, el que podríem anomenar aeroport és simplement una barraca amb una bàscula. Un parell de treballadors s'encarreguen dels equipatges mentre tres o quatre persones esperen els passatgers. Entre aquestes hi ha Pere Casaldàliga. Una llarga abraçada i una constatació: està igual. Els cabells molt més blancs, els ulls una mica més cansats, però igual. Continua tan prim com sempre, tant, que a primer cop d'ull fa una sensació de fragilitat que augmenta quan li mires els peus: camina pràcticament descalç, amb unes xancletes minúscules que s'han convertit en senya d'identitat de tots els qui treballen en la prelatura de São Félix , fins al punt que les anomenen xancletes «prelazia». Casaldàliga porta el mateix calçat que la majoria del camperols de la regió com un signe lògic i evident del seu compromís, que es va començar a forjar poc temps després de la seva arribada i que ara és una realitat visible de cap a peus.

Ens dirigim a casa seva. «Ja la coneixes, és la mateixa de sempre —em diu—, i estàs de sort perquè hi ha una habitació lliure. Havia de venir l'amic José María Vigil però ha dit que es retardarà uns dies.» Efectivament és una sort. La casa sempre sol estar plena de gent: amics, treballadors de la prelatura, o simplement gent que està de pas i que demana un lloc per dormir. És un costum que no ha canviat amb els anys. En canvi, en el camí que va de l'aeroport cap a la casa, començo a adonar-me que São Félix sí que ha canviat. A pesar de la pobresa de la seva gent i de la distància que l'allunya del món, en els carrers, a les cases i en els petits comerços es poden començar a veure alguns signes tímids de modernitat. Els anys passen i São Félix ja no és la mateixa ciutat que vaig conèixer uns anys enrere ni tampoc és ja el poble perdut que va trobat Casaldàliga quan va arribar aquí.

Pere Casaldàliga va arribar a la regió de São Félix, a finals de juliol de l'any 1968; el maig francès i la primavera de Praga eren els símbols d'un món que estava en efervescència i transformació i l'Església accentuava el seu procés de modernització, especialment a Amèrica del Sud amb la conferència de Medellín. Aquell any qualsevol lloc del planeta semblava més interessant que no pas les selves de l'interior del Brasil. «El fet de venir al Brasil, encara que et pugui semblar estrany, està relacionat amb la meva condició de català —reconeix Casaldàliga—; els claretians demanaven voluntaris per a dues missions, una al Mato Grosso i una altra a l'altiplà de Bolívia. Aleshores van pensar que jo, que parlava el català i el castellà, ho tindria més fàcil amb el portuguès. I vaig venir al Brasil.» Per Casaldàliga el «Mato Verde» era la plasmació de tots els somnis acumulats durant molts anys de carrera religiosa. La missió era una destinació joiosa, a pesar que en aquell moment no tenia una idea gaire clara d'on es ficava. Havia assistit a un curs de formació de cinc mesos al Cenfi, un centre de formació per a missioners on els preparaven per adaptar-se al país, però el que es va trobar en arribar a São Félix superava qualsevol expectativa. Era impossible d'imaginar. Al Cenfi, formant part d'un grup de sacerdots i monges nombrós i heterogeni —Casaldàliga, en una carta adreçada als amics de Catalunya, admira la determinació d'aquell grup i se sorprèn que les religioses no siguin ni lletges ni bledes—, va rebre una formació intensa que l'havia de preparar per enfrontar-se tant a una malaltia tropical com a un cap indígena. El curs li va servir també per desfer alguns dels tòpics que tenia sobre el país i perquè comencés a intuir per on vindrien els problemes amb què hauria de conviure. El Brasil, a la fi de la dècada dels seixanta, era un país pobre governat per un règim militar. Una combinació ideal per a la injustícia social i política.

Arribar a São Félix no va ser fàcil. Eren set dies de viatge amb camió a través de la selva. Set dies i set nits des de Río Claro, prop de São Paulo, fins a l'Araguaia. Els últims quilòmetres van ser els més durs, perquè la carretera, que estava en construcció, era gairebé inexistent en molts trams. Casaldàliga viatjava acompanyat de Manuel Luzón, un altre missioner claretià. Tots dos havien de compartir l'aventura de fundar la missió de São Félix i, a mesura que s'acostaven a la seva destinació, augmentava la sensació d'arribar a un món d'on no era possible el retorn.

El contrast era brutal. D'un costat, una natura increïble, d'una bellesa primitiva, especialment l'enorme i majestuós Araguaia; de l'altre, una sensació d'abandó total: no hi havia correus, ni telèfon, ni electricitat. L'ajuntament estava a més de set-cents quilòmetres, a Barra do Garças. El poble de São Félix no era més que un grup de barraques a la vora del riu. Tan sols sis-cents habitants que per trencar l'aïllament només tenien tres *jeeps* vells i atrotinats. No hi havia ni un sol metge en tota la regió, però almenys tenien una mestra: una dona amb només un any i mig de formació elemental que no podia complir gairebé mai les seves obligacions perquè la major part del temps estava borratxa. Intento imaginar com s'havien de sentir enmig d'aquell panorama desolador els dos missioners: «Ho he repetit moltes vegades —diu Casaldàliga—, la meva primera sensació va ser de distàncies. Les distàncies... Jo sóc jo i les meves distàncies. No només distàncies geogràfiques, sinó també culturals, pastorals... Això era terra de ningú. Em vaig sentir de cop i volta enmig de cent cinquanta mil quilòmetres quadrats i amb la missió de conrear tot aquest territori... Potser per això quan vaig arribar aquí només em vaig emportar llibres, res més. Vaig dir, ens en anem a aquell cul de món, i si no tenim llibres no ens en sortirem...».

Els dos missioners se sentien perduts en un món desconegut. Eren pocs i eren estrangers. El que Casaldàliga sentia en aquells moments es reflecteix en el seu diari personal. «Potser —escrivia Casaldàliga— aquí necessitaré més que mai el diàleg interior enmig de tants silencis... Vam arribar a la Missió el 30 de juliol i ja he pensat i he sentit i he temut i he esperat i he gaudit moltes coses. Dels homes, de la naturalesa, de Déu...»

Els primers passos s'havien de fer amb molta cautela i amb escassos mitjans. La casa on es van instal·lar feia poc més de trenta metres quadrats i l'església era molt rudimentària, una barraca de fang amb el sostre d'uralita. ¿Què fer, per on començar? A la regió no eren els únics religiosos; havien de coexistir amb altres missions adventistes, pentecostals i baptistes i el diàleg era difícil. L'esperit ecumènic de Taizè, una experiència que en aquells temps fascinava Casaldàliga, estava molt allunyat de la ideologia d'aquells altres missioners. La resta del panorama de la regió era depriment: «Molta ignorància, rancors polítics, interessos i misèria —escrivia en una carta a uns amics de Catalunya—. Tela no en falta. Escriviu també. I sobretot pregueu... La gent és senzilla i cordial. Ignorant també. Però amb ganes de sortir d'aquest estat de pena, de dolor, d'isolament. El riu és a set metres justos de la nostra casa. Un panorama meravellós».

Els habitants de São Félix, la gent a la qual es referia en la carta, són, en la seva majoria, immigrants del nord-est del Brasil que van arribar aquí fugint de la sequera brutal que impossibilitava la vida en la seva terra d'origen. Només tenien dues possibilitats: la misèria de les barraques de les grans ciutats del país o l'aventura de la selva amazònica. Alguns líders polítics i religiosos de l'època —com, per exemple, el pare Cícero Romao, una mena de Moisès dels habitants del nord-est, que va anunciar grans sequeres i desgràcies per convèncer-los de la necessitat d'emigrar— els van animar a endinsar-se en aquest «Mato Verde» dibuixant-lo com una terra plena d'oportunitats i de riqueses. Una terra immensa on tothom podia tenir un lloc. La realitat era, i és encara avui, ben diferent: les regions del Mato Grosso i l'Amazones, el que es coneix amb el nom d'Amazònia legal, són regions on la vida es combina amb la mort. Una terra dura i violenta com n'hi ha poques. No semblava que fos el millor lloc del món per fer-se un futur, però potser era l'únic lloc a on podia anar aquella autèntica legió de desheretats que s'hi va instal·lar. «Era gent perduda en la immensitat —m'explica Casaldàliga— gent vinguda de *xorrada*, que en diem aquí, gent arrossegada. D'aquesta gent em va impressionar la pobresa, per una banda, i també l'alegria. Les festes són festes i els diumenges ens vestim per anar a missa, per anar al ball, tot i no tenir gairebé res a casa. Hi ha un sentit de la dignitat personal, i evidentment hi ha un gran sentit de la festa, que és molt africà, és molt indígena, és molt crioll, molt mestís i molt llatinoamericà. Per altra part, també vaig tenir la sensació que era un poble dominat: sí, senyor, sí, senyora. La famosa política *de cabestro* que en diuen aquí. Nosaltres hem tingut moltes lluites per canviar els padrins de bateig; aquest poble triava sempre per padrí el comerciant, el polític... Vam haver de lluitar molt perquè triessin uns padrins que signifiquessin alguna cosa, que fossin padrins de la fe dels seus fills i no senzillament un comerciant, un *fazendeiro* o un polític.

Aquesta dependència dels poderosos ve encara de l'època de l'esclavatge.»

Casaldàliga s'havia de guanyar la confiança d'aquella gent, però no era fàcil. Ell i en Manuel van començar fent més d'infermers que no pas de sacerdots. La salut era un problema aclaparador que s'imposava per damunt de qualsevol altra obligació missionera. Les malalties tropicals, sobretot la malària, colpejaven sense misericòrdia especialment els infants. Difícilment podrà oblidar mai aquell enterrament de quatre nens, que va ser un dels primers enterraments col·lectius que va haver de celebrar només arribar a São Félix. Dos d'aquells «angelets», com els anomenaven plorant les seves mares, eren fills de prostitutes. Casaldàliga recorda clarament el que va confessar al seu company Manuel Luzón: «O marxem d'aquí immediatament, o ens suïcidem, o trobem una solució a tot això».

La impressió del primer contacte amb el que havia de ser el seu poble està descrita en el seu diari de l'època: «¿A quina distància estan les meves paraules de la seva ànima senzilla, elemental, endurida pel sofriment i l'abandó? Gent de càrrega, portada per l'onada de la pobresa, de la soledat, del crim, propi o aliè... (del crim col·lectiu de la injustícia social!)... Gent senzilla, gent que porta la creu... Aquests són, a pesar de tot el que se'n pugui dir en contra, els pobres de l'Evangeli».

Havia trobat el que buscava: els pobres de l'Evangeli. Una missió per dedicar-hi la vida. Però no es pot dir que en aquell moment els pobres de São Félix haguessin trobat algú en qui confiar. Les distàncies i el desconeixement encara eren grans. En Pere i en Manuel, però, tenien l'avantatge de ser catòlics. És un element important a favor, ja que la majoria de la població del Brasil és catòlica i necessita l'Església perquè els subministri els sagraments amb què celebrar els moments més importants de les seves vides. Durant aquells primers mesos Casaldàliga va viure situacions insòlites que requerien respostes imaginatives. «Perquè et facis una idea de com era aquell temps —em diu—, en una ocasió jo viatjava pel riu Das Mortes i cap al tard, havent passat per Barreira Amarela, el sol a l'horitzó ens enlluernava i vam veure que des de la riba ens feien senyals. Era un xicot que ens buscava per dir-nos que algú havia caigut d'un cavall i estava molt malament. Era un home, un pare de família jove, amb quatre fills... Que hi anéssim. A aquella hora només portàvem sèrum i pocs remeis més; vam agafar la llanxa i hi vam anar. Quan vam arribar allà ja era nit fosca i ja se sentien els cops del martell fent el fèretre, i em trobo ja l'home estès sobre unes posts i la dona i els fills plorant i la gent de la comunitat demanant missa. No porto res per dir missa... Jo venia més preocupat per atendre l'home. ¿Teniu pa? No, no n'hi ha. ¿Teniu vi? Tampoc no n'hi ha. I hi havia una petita taverna, no res, amb algunes ampolles d'aiguardent i uns paquets de galetes. Vaig agafar les galetes i vaig agafar una mica de *pinga* i vaig celebrar la missa. Em va semblar que era una bona missa. El poble em demanava missa i jo era sacerdot, la Pasqua del Crist es pot molt bé celebrar amb vi de les vinyes d'Itàlia, o de Catalunya, però si no hi ha vi ¿per què no es podria celebrar amb alcohol de canya de sucre?»

Després del que m'acaba d'explicar, em sembla que puc formar-me perfectament la imatge de Casaldàliga en aquella missa, enmig d'aquell grup de camperols amb un vas de *pinga* i unes galetes. Em sembla que, a través d'aquesta imatge, m'és més fàcil entendre l'ambient d'aquella època. Calia molta imaginació per enfrontar-se als problemes i exigències que aquell món presentava. Per això Casaldàliga reconeix que, durant aquells primers anys marcats per l'acció, va necessitar més que mai la força de la reflexió espiritual. Una de les coses que em sorprenen estant al seu costat és la importància que dóna a la pregària: «Jo no deixava mai de resar el breviari encara que caigués mort de son; a vegades em despertava amb el breviari a les mans a la una de la matinada. Des que vaig arribar aquí sempre he fet oració i dóna molt bons resultats. Ara bé, jo aquí mai no he dit res a ningú per no anar a missa, mai. Els estimulo perquè hi vagin, els explico què vol dir anar a missa... Ara, mai no he dit que fos pecat anar-hi o no anar-hi. Es podrà dir que sóc d'una moral relativista, però no és així: relativitzo el que és relatiu i absolutitzo el que és absolut. Estimar Déu i estimar el proïsme és absolut a tot arreu i tothora. Ara, practicar certes coses o no practicar-les ja és relatiu».

Casaldàliga va haver d'aprendre a relativitzar molts costums i creences durant els seus primers anys al Mato Grosso. A la fi dels anys seixanta les condicions de vida i el sistema de valors de la gent del país representaven un veritable xoc per a la seva formació moral. Les *desobrigas* eren un dels moments més propicis per al contacte i la descoberta. Amb aquest nom es coneixien les visites pastorals que els sacerdots catòlics feien a les colònies i els campaments d'immigrants de l'interior del país. Unes visites que tenien com a objectiu celebrar casaments i batejos. Per ell aquestes *desobrigas* tenien un doble objectiu: administrar sagraments i alhora conèixer millor la gent i l'enorme territori que tenia assignat. Van ser uns mesos de viatges intensos a través de distàncies enormes amb mitjans primitius. Quan no es podia viatjar amb canoa pel riu, només quedava el cavall com l'únic mitjà de transport disponible.

Quan arribava als poblats l'esperava sempre un grup nombrós de gent que s'havia assabentat de la visita del sacerdot i que volia batejar els seus fills. Celebrava cerimònies col·lectives on havia de batejar cinquanta o seixanta nens, com en la seva primera estada al poble de Luciara, al nord de la prelatura. Alguns nens eren molt petits, de mesos, però la majoria eren més grans, de fins a sis o set anys, el temps que havia passat sense que tinguessin l'ocasió de trobar un sacerdot per celebrar un bateig.

Es procurava fer coincidir les *desobrigas* amb la celebració d'alguna festa assenyalada i d'aquesta manera, a més de batejos, també s'aprofitava la visita per fer casaments col·lectius. De vegades Casaldàliga havia de superar algun conflicte interior perquè sovint la demanda d'aquests sagraments provenia d'una gent amb una moral molt peculiar i amb uns hàbits de comportament fortament marcats per un elevat nivell de promiscuïtat. S'havia de vigilar de no casar els ja casats i insistir en la figura dels padrins en el moment de batejar un infant, perquè entre tantes unions, desunions i amistançaments s'havia d'aclarir i demanar qui es feia responsable d'aquelles criatures. «Aquesta terra de missió té els extrems més pintorescos —escrivia en una carta— des del paganisme dels indis, passant per la amoralitat, la indiferència, la ignorància supina i la superstició, fins a la fe i la vida cristianes més sòlides, dintre una puresa elemental, d'aquestes famílies que no han vist un capellà en quatre, cinc o set anys.»

Per Casaldàliga, que havia crescut sota la rigidesa moral de l'Espanya franquista, aquest era un món difícil d'entendre i assimilar. Però ell estava disposat a acceptar aquella gent tal com era per intentar fer-los una mica més lliures i millors. «En aquesta terra és fàcil néixer i morir, el que és difícil és viure —diu amb contundència—. Hi va haver dues coses que em van sorprendre molt aquells primers anys: d'una banda, la problemàtica dels matrimonis i, de l'altra, la facilitat amb què és mor i es mata. Es moria i es matava i encara es mor i es mata, és clar. Jo estava habituat a un món força de dretes, a vegades força d'aparences. Al començament, per exemple, en la meva infantesa ¿qui imaginava el divorci? Aquí, en canvi, els matrimonis es feien i es desfeien amb molta facilitat. Es casaven molt jovenets, potser ja havien estat casats, maduraven, trobaven un altre company o companya i formaven un matrimoni ferm, sincer. ¿I com podies dir que aquell segon matrimoni era il·legal? En segon lloc, l'aspecte del matar es curiós però ens ha fet pensar molt. Com que no hi ha justícia per als pobres, cadascú la fa pel seu compte: si, per exemple, ha estat violada una noia que té germans i pare, per la mentalitat més primitiva del poble seria una injustícia total que aquests no la vengessin assassinant aquell que l'ha violada. Però per altra part, és més ofensiu donar una bufetada a algú que ferir-lo o matar-lo. El rostre és la dignitat de la persona... En aquella època la paraula valia molt. Hi havia aquella cosa característica d'un pèl: arrencar un pèl del bigoti valia més que redactar un document. És la meva paraula, el bigoti com a símbol de la virilitat, dono la meva paraula. Això recorda una mica els tractes que feien els patriarques dels pobles orientals. En aquell temps la paraula valia, ara no valen ni els documents.»

Aquells primers mesos van ser crítics i li van servir per afaiçonar un caràcter i un pensament que es transformaven a mesura que descobria la realitat que l'envoltava. Casaldàliga havia intuït, en arribar a la regió, que no hi havia retorn possible. El que encara havia d'arribar, les decisions que estava a punt de prendre, farien encara més difícil tornar enrere. Només uns pocs mesos havien estat necessaris per arrelar-lo definitivament a São Félix. Després de molts anys havia trobat el que buscava i la soledat enriquidora que va viure aquells primers mesos li va servir per veure-ho clar: «Tinc melangia de la confessió i agraeixo a Crist la humana boniquesa d'aquest sagrament —confessava en Pere en una carta als amics—.

Vosaltres i els altres amics em sembleu molt propers. I veig la vida molt curta, tot i que m'estic humanitzant, alliberant. No espero la mort amb morbositat, al contrari. Em manca paciència alguna vegada, però dura poc. Tinc pau».

Casaldàliga havia trobat una pau que encara conserva. Enmig d'aquesta terra violenta la pau que ell respira és capaç de contagiar-la amb la mirada. Sent aquí, conversant amb ell, a milers de quilòmetres de distància de Catalunya, tinc l'estranya sensació de ser a casa.

II

OBRINT ELS ULLS

La casa on viu Casaldàliga a São Félix no és cap palau episcopal. Podria ser la casa de qualsevol família de treballadors del poble. És petita, d'una sola planta, i no hi ha luxes ni signes de distinció. A la casa del bisbe la porta és sempre oberta i a les parets es barregen imatges religioses, pòsters revolucionaris i objectes d'artesania indígena. A la part del darrere hi ha una eixida que es fa servir de cuina i un pati verdíssim on les gallines, els gats i les verdures de l'hort comparteixen l'espai amb una acollidora capella amb un senzill altar de fusta i uns troncs per seure-hi.

No ha canviat gaire cosa des de l'última vegada que vaig ser aquí. Els grans progressos que la humanitat ha fet al llarg del segle xx han anat arribant a São Félix de mica en mica —ja tenen electricitat i telèfon—, però a la casa del bisbe hi ha poques novetats. Això no obstant s'hi ha fet alguna millora significativa: Casaldàliga té nevera. M'han dit que és una innovació recent i que no va ser gens fàcil instal·lar-la. Ell sempre deia que no volia tenir cap luxe o comoditat que no es pogués trobar a les cases dels seus veïns. Els pobres no tenen nevera i, per tant, ell no en volia. La hi va regalar la gent de l'equip de la prelatura el dia que va complir setanta anys. La hi van haver de portar d'amagat, sense que se n'assabentés.

La nevera és una de les petites victòries que ha aconseguit la gent que viu prop de Casaldàliga; sobretot és mèrit d'en Franklin i la Tia Irene, un sacerdot jove nascut a la regió i una monja d'una família tradicional de São Paulo que formen part de l'equip que treballa a la prelatura i són ara els seus col·laboradors més íntims. Amb força habilitat i insistència han anat estovant algunes de les seves obstinacions. Potser és només una anècdota, però a través de detalls com aquest m'adono que l'opció de vida que fa Casaldàliga en aquesta terra té pocs matisos. És o blanc o negre. La seva personalitat sempre ha fugit del pragmatisme contemporitzador. És radical, visceral, el que diu i el que pensa ho ha de viure fins a les últimes conseqüències. Mirant-lo i escoltant-lo —a través de les llargues converses en què, davant meu, desgrana la seva vida—, crec que no m'impressiona tant el que ha fet i el que fa com la seva determinació.

No sé si ha estat sempre així o si la seva manera de ser i de fer és conseqüència de tot el que ha viscut al Brasil. Una reacció davant tot el dolor i tota la injustícia que ha patit i dels quals ha estat testimoni. «¿Saps què passa? —em diu—, que aquell temps era un temps de radicalització. Estàvem en plena dictadura militar, el món del latifundi, una Església que començava, la teologia de l'alliberament... Era un temps de radicalització. Ara potser el que passa és que semblem i som molt menys radicals. La meva por és que ho siguem massa poc. En aquell temps potser no teníem altra opció que les postures —em fa una mica de cosa la paraula i per això et demano que la posis entre cometes—, postures "heroiques". Et dic entre cometes perquè fa una mica ridícul i potser perquè s'ha d'anar amb compte de no caure en l'orgull... Jo penso que sóc vanitós, primer perquè tots ho som i segon perquè sóc poeta. Però em penso que no sóc orgullós i demano a Déu de no ser-ho.»

Durant els primers mesos d'estada a la regió, Casaldàliga va intentar confraternitzar amb tothom. Eren els anys de les *desobrigues*, els viatges esgotadors per conèixer tots els racons de la prelatura. Volia guanyar-se la confiança de la gent pobra, però encara mantenia contactes amb els terratinents. Encara no s'havia adonat que davant els problemes i els enfrontaments que hi havia a la regió, la neutralitat era impossible. Això era —i, desgraciadament, encara és— com el *far west*, hi havia dos bàndols enfrontats obertament: en un costat els terratinents i en l'altre els peons, els camperols i els indis. Casaldàliga havia d'escollir.

Una invitació a una festa a la *fazenda* de Suià Missú el va ajudar a prendre una determinació al respecte. Feia poc més d'un any que havia arribat a la regió. Era l'any 1969. Suià Missú era una de les *fazendes* més grans del país amb una extensió superior al territori de Catalunya, més de trenta mil caps de bestiar i un bon grup de peons treballant en condicions infrahumanes. Van celebrar una gran rostida amb cent seixanta convidats, entre els quals hi havia el ministre d'Interior i altres alts funcionaris del govern. «160 persones cruspint-se cinc bous rostits, cabrits, fruita i bevent —escrivia Casaldàliga recordant aquella festa—. Una quixotada! Vint avions aterraven a la pista de la *fazenda*, a poques passes del bosc, en contrast amb la més primitiva civilització... En aquestes circumstàncies costa no anar-se'n de seguida cridant amb ira. Tanta fartanera davant tanta misèria! Va ser un dels dies que vaig menjar més poc. Aquella tarda vaig visitar la "pensió" dels peons, arribats com nàufrags buscant treball: n'hi havia uns dotze de malalts, entre ells un que havia intentat suïcidar-se. Veritablement el contrast era dur.»

Aquella va ser la primera i última vegada que Casaldàliga va confraternitzar amb els terratinents. La seva opció va ser radical: va decidir evitar la seva companyia, declinar qualsevol invitació i facilitat de transport —ells eren els qui posseïen la majoria dels vehicles de la regió— i, per si això no era suficient, va recomanar a la gent del seu equip que evités fins i tot de saludar-los. L'enfrontament va ser total, com recull un escrit seu: «Va ser una opció terrible que violentava el nostre temperament, les ganes naturals d'estar bé amb tothom, la formació de mansuetud evangèlica rebuda, la vella norma pastoral de "no apagar la metxa que encara fumeja"... És un esquinçament que continua deixant en tensa creu la nostra vida».

La presa de posició de Casaldàliga va ser com una declaració de guerra. O per ser exactes, enmig d'una guerra que ja feia temps que havia esclatat, es va allistar en un dels dos bàndols. Una decisió que seria l'origen de molts dels problemes i conflictes que hauria de viure en el futur i que li va crear enemics poderosos, però que l'ajudaria a trobar uns amics per a tota la vida: els «seus» pobres de l'Evangeli.

«Nosaltres hem dit moltes vegades que aquí o ets d'un cantó o ets de l'altre —m'aclareix Casaldàliga, com si encara pogués tenir algun dubte al respecte—. Jo dic sempre que l'Evangeli és per als rics i per als pobres. És per a tothom però va a favor dels pobres, perquè surtin de la seva pobresa en la mesura que sigui possible, perquè tinguin coratge, esperança, confiança, i perquè fins i tot en la pobresa sàpiguen viure com a fills de Déu i com a germans. També va a favor dels rics però contra la seva riquesa, contra els seus privilegis, contra la possibilitat que tenen d'explotar, dominar i excloure. Jo puc tractar-me amb rics, sempre que digui les veritats i que no em deixi portar. He dit moltes vegades que el missioner que un cop per setmana vagi a berenar a casa d'un ric no pot fer opció pels pobres, ¿entens el que vull dir? No és que no pugui un dia anar a berenar a casa d'un ric, però si hi vaig cada setmana i no passa res, no dic res, no sacsejo aquella casa, no sacsejo aquella consciència, ja m'he venut i ja he negat la meva opció pels pobres.»

L'opció radical que va prendre Casaldàliga als pocs mesos d'estar a São Félix encara ara em sorprèn. Ell era un capellà que havia crescut a l'Espanya franquista, a l'ombra d'una Església contemporitzadora amb un règim dictatorial... Em pregunto què va passar durant aquells primers mesos al Mato Grosso que va transformar Casaldàliga de manera definitiva.

L'horror que va viure aleshores pot ajudar a entendre el seu procés de transformació. Va haver d'enfrontar-se a tanta desgràcia i tanta mort que era fàcil confondre aquella realitat amb un malson. «Un vespre, quan acabava de celebrar missa, em van venir a buscar —m'explica Casaldàliga—. Un noi jove era penjat en una biga. Vaig despenjar-lo. Vaig pregar. Vaig parlar al grup d'homes, rodamons mig borratxos, que em rodejaven i vaig mirar les butxaques del pobre mort: ni un nom, ni una adreça. El dia següent el vam enterrar embolcallat en la seva pròpia hamaca, sobre la terra ja mullada de les primeres capes de fred. Aquesta mort em va esfereir i confortar al mateix temps. Déu era allí. No sé com. Jo, d'alguna manera, havia administrat a l'infeliç jove un d'aquests sagraments de contraban que Déu té per quan li sembla oportú. I deia als homes —aparentment embrutits— que cavaven la fossa: "Per Déu, aquest no és un desconegut. Déu és també el seu pare". Un d'ells, jove encara, plorava amb sanglots com un nen.»

Davant aquella mort esgarrifosa, com tantes altres, era impossible tancar els ulls. «Es mor i es mata més que no pas es viu —escrivia en el seu diari—. Morir o matar és més fàcil, aquí, és més a l'abast de tothom que no pas viure.» Va ser un procés rapidíssim de presa de consciència. No calia fer un gran esforç d'investigació per trobar les causes de tanta violència. En aquell *far west* llunyà la llei no podia arribar. En aquella terra l'única llei que valia era la que imposaven les armes. «Aquí mana el 38», deia Casaldàliga, recordant el calibre del revòlver més corrent i a l'abast de tothom.

Però no es tractava d'una violència indiscriminada. En aquesta regió apartada del Brasil els terratinents feien i desfeien capriciosament sense haver de donar explicacions a ningú, ja que tampoc ningú no els en demanava. Aquí qui tenia diners comprava el silenci, i els terratinents, sota l'empara de la dictadura militar, tenien terra, diners i poques ganes de donar explicacions a ningú sobre els orígens de la seva riquesa. Els camperols immigrants que van arribar aquí a la recerca del futur que els havien promès d'una terra verge i plena d'oportunitats es van trobar amb la disjuntiva d'haver de triar entre guanyar un tros de terreny a la selva per conrear, de manera rudimentària, una minúscula explotació d'arròs, mandioca i cafè, o bé treballar de peó en una finca ramadera. Qualsevol de les dues alternatives els conduïa a la misèria i al risc de perdre la vida. Els terratinents contractaven pistolers per mantenir els peons de les finques en un règim gairebé d'esclavatge i per evitar que els camperols envaïssin les grans extensions dedicades a la pastura dels ramats.

Han passat quasi trenta anys però la situació d'enfrontament que es viu a la regió no ha canviat gaire. A São Félix continua havent-hi dos bàndols. És una sensació que puc percebre fàcilment quan passejo pels carrers del poble. Fa poc temps que sóc aquí i encara no sé distingir quines són les mirades amigues i quines no ho són, però, en principi, tothom et mira amb una certa desconfiança. Continua havent-hi dos bàndols i qualsevol nouvingut, si no és un turista —l'estiu és l'època de les platges al riu Araguaia i des de fa uns anys alguns turistes s'aventuren a passar les vacances en aquest racó de món—, ha d'estar en un costat o en l'altre. M'han vist amb la gent de la prelatura i em sembla que es pensen que sóc un capellà. Mai no m'havien pres per un capellà i aquest és un malentès que, quan l'hi explico, fa riure a Casaldàliga: «Doncs no ho sembles gaire». I encara riu més.

Quan Casaldàliga va decidir donar l'esquena als terratinents i als representants del govern militar de l'època que els protegien, va començar a guanyar-se la confiança dels peons, els camperols sense terra i els indis. Una altra manera de guanyar-se la seva confiança era visitant-los a casa seva. Calia donar-se a conèixer i dir-los que estava al seu costat. Va ser un procés ràpid que el va portar a fer molts quilòmetres durant els primers anys d'estada a la regió, ja que no volia limitar la seva acció a la seu de la prelatura, São Félix, sinó que en volia conèixer bé els pobles i assentaments de l'interior, i per això es va dedicar a recórrer el territori de dalt a baix. És aquesta una regió enorme i la gent dels pobles de l'interior ha viscut sempre abandonada. Durant aquells primers anys, Casaldàliga pretenia lluitar contra aquest aïllament i fer alguna cosa més que les inicials *desobrigas* en les quals només celebrava batejos i casaments com si fos un simple dispensador de sagraments. Per això va començar a posar en marxa les campanyes missioneres. L'equip de la prelatura es va anar ampliant i cada vegada va poder disposar de més i millors col·laboradors. La soledat inicial que havien sentit ell i Manuel Luzón es va anar diluint amb l'arribada de nous sacerdots com Pedrito, José María, Leopoldo i Canuto, un grup de monges i també un grup de seglars disposats literalment a deixar-s'hi la pell, com ara en Moura i Pontim, entre altres. «Sempre hem confiat molt en els seglars per formar part de l'equip de la prelatura —em confirma Casaldàliga—, i això de vegades ens ha portat algun conflicte amb la mateixa congregació claretiana; potser no ho vam saber fer bé o no ho vam explicar prou. De fet el que vam fer va ser seguir el consell que a començaments dels anys setanta va donar la Conferència Nacional de Bisbes Brasilers, que recomanava als prelats de l'Amazònia que evitessin fer monopolis de les prelatures. Que no diguessin aquesta prelatura és dels claretians, aquesta dels jesuïtes, aquesta dels salesians... Ens demanaven que ens barregéssim i potser nosaltres ho vam fer d'una manera massa radical, nosaltres radicals sempre... Al que sí que donavem importància era a la procedència: els primers que havien vingut eren estrangers; per tant, volíem que la gent nova que s'incorporés fos del país, que fos brasilera. I després, també, per evitar el clericalisme vam accentuar, i potser vam exagerar, la presència dels seglars. Ara, és una perspectiva que jo considero que continua sent legítima perquè la immensa majoria de l'Església al Brasil continua sent laica, no pas clerical. A més, amb aquesta gent se'ns va fer més natural la manera de viure. Com que eren gent del país ens van ajudar molt a l'aculturació: amb ells venia la música brasilera, sobretot perquè eren joves, i la compenetració amb el poble. Fins i tot entre nosaltres no parlem castellà o català; vam decidir parlar portuguès sempre i en tot moment.» Aquesta obligació que es va imposar Casaldàliga en arribar a la regió el porta a l'extrem de dirigir-se a mi també en portuguès. Evidentment, ho fa sempre que hi ha gent del país a la conversa, però de vegades em deixa astorat perquè estem conversant, sols, i també utilitza aquesta llengua.

Les campanyes missioneres que va iniciar Casaldàliga després d'haver fet les *desobrigas* van ser un pas endavant. Consistien en tres mesos de permanència d'un equip en un lloc determinat per irradiar des d'aquest punt a tota l'àrea rural d'influència. Les activitats estrictament religioses es combinaven amb els treballs d'alfabetització, seguint el mètode de Paulo Freire, l'assistència sanitària i directament la dinamització associativa, que alguns representants del règim militar interpretarien com una autèntica maniobra d'agitació política. Casaldàliga i els seus col·laboradors descobrien els líders naturals de cada comunitat per, a través d'ells, organitzar els grups i canalitzar les seves reivindicacions. A llarg termini, l'objectiu de les campanyes era crear comunitats de base formades per la mateixa gent de cada lloc.

Les campanyes missioneres van marcar un temps de viatges incòmodes. Les llargues distàncies i la inexistència de carreteres eren una realitat amb la qual s'havia de conviure. De vegades Casaldàliga feia cap a llocs on tot estava per fer, on la gent acabava d'arribar i ningú no es coneixia.

Sovint l'origen de la majoria d'aquests pobles era similar: una onada de camperols emigrants, amb una mà al davant i una altra al darrere, ocupava una terra que no era de ningú. Al Brasil hi ha una llei que atorga la propietat d'una terra abandonada, terra de ningú, a aquells que l'ocupin i la treballin durant uns anys. És la llei de *posse*, que es va redactar amb la intenció de facilitar la colonització de l'Amazones per tal de donar alguna sortida a la pressió de la pobresa. En els anys que fa que és a la regió Casaldàliga ha assistit al naixement de molts pobles de *posseiros*. En alguns casos, ha tingut el privilegi de batejar-los i fins i tot de poder-ne triar el nom. Així ho va fer amb Serra Nova, un poblat de la Serra del Roncador, a uns 170 quilòmetres de São Félix.

Diuen que, a l'Amazònia, es pot determinar l'antiguitat d'un poble per l'alçària dels mangos ja que una de les primeres coses que fan els seus fundadors és plantar aquests arbres perquè donin ombra i fruita en abundància. Els mangos de Serra Nova faran aviat els trenta anys i Casaldàliga va assistir al moment de la seva plantació. Hi va anar en una de les campanyes missioneres d'aquella època, i per poder arribar a l'indret on s'aixecaria el poblat va haver de recórrer més de setanta quilòmetres a cavall.

En el moment de la seva arribada, Serra Nova no era una altra cosa que un tros de selva espessa. Un grup de tres-cents *posseiros*, escampats pels voltants, volien una escola, una església... necessitaven aixecar un poble. Es van agrupar en *mutirao*, la tradició indígena d'ocupar el temps lliure fent un treball col·lectiu, un costum molt arrelat entre la gent més pobra del país.

Aquell *mutirao* va impressionar Casaldàliga, i aquesta emoció impregna la part del seu diari on descriu el seu primer dia en aquell indret: «Sóc a Serra Nova, el nou patrimoni. Són les 6.45 del matí. Acabo de recollir la xarxa (hamaca). He anat "ao mato" —la comuna natural de les herbes encobridores, pròximes a la casa— i m'acompanyen, esvalotades, mentre cruix el blat de moro, les gallines de Dona Luisa. Estic hostatjat en la primera "casa" del poble, entrant per la "carretera". És la casa de Zé Raimundo... La primera impressió de Serra Nova va ser un descobriment. En el cor de la "mata" verge —humida, viva, ferotge— naixia a cops de destral un poble de pobres generosos... He visitat les famílies. I he anat sentint dolor, ira, aquest entusiasme que els estúpids anomenarien subversiu...».

Serra Nova va ser una experiència més que ajudaria a consolidar el seu compromís amb la causa dels camperols sense terra. Havia vist massa contrast, massa mort i massa misèria per tenir dubtes. A més, era molt fàcil emocionar-se davant aquella increïble sensació de ser un pioner d'un món nou que esclatava davant els seus sentits i la seva consciència. Era una història plena de romanticisme: «En algun sentit la paraula romàntica —reconeix Casaldàliga— significa també viure la història, tenir memòria forta, tenir capacitat de sentir, d'entusiasmar-se, d'ésser utòpic. Tant de bo hi hagués una mica més de romanticisme avui, en aquesta postmodernitat, pragmatista, immediatista i crematística. Seria bo. Si no hi ha un cert romanticisme no hi ha bellesa a la vida, no hi ha sentiment...».

El primer dia que Casaldàliga va passar a Serra Nova va acabar amb una missa en una barraca de palla i troncs aixecada aquell mateix dia perquè fos la «Casa del Poble» i pogués ser utilitzada com a església i com a local de reunió. «Vaig celebrar aquella missa —escrivia en una carta—, sentint-me una mica com aquells frares del descobriment però amb l'escarment de la història al damunt. Fou una celebració dintre un clima totalment tens, de dolor i d'esperança, de fundació i d'arriscament, que encaixava amb el clima de Pasqua.»

Casaldàliga, en aquella carta, parlava d'un clima tens i de dolor. La realitat era que el futur d'aquell poble que havia vist néixer estava amenaçat pels grans propietaris de les finques ramaderes veïnes. Era el problema de sempre: aquella terra no era de ningú, però els terratinents no volien que aquell grup de *posseiros* es multipliqués i pogués suposar una competència per al seu bestiar. Aquella alegria que Casaldàliga havia vist en el rostre de la gent que en un sol dia havia aixecat la «Casa del poble» era un sentiment efímer. Aquí la il·lusió i l'esperança es barregen sempre amb la por i la desolació. Per aquell grup de *posseiros* l'amenaça tenia un nom: la *fazenda* Bordon. Una poderosa empresa agropecuària de la qual Delfim Neto, l'aleshores ministre d'Hisenda, era un dels principals accionistes. La *fazenda* Bordon va decidir que la terra on estaven els *posseiros* era seva i va aixecar una tanca a una distància d'un quilòmetre i mig del poblat; aquella demarcació arbitrària era una manera d'ofegar aquell grup de camperols ja que no els deixava cap possibilitat de tenir terra per conrear que pogués garantir la seva supervivència. Els *posseiros* de Serra Nova van acompanyar Casaldàliga fins al límit de la *fazenda* Bordon i va poder comprovar la gravetat de la situació. Els va prometre viatjar a São Paulo i a Brasília per intentar parlar amb els *tubaroes*. Aquí sempre s'ha anomenat taurons als terratinents. La solidaritat de Casaldàliga va commoure la gent senzilla de Serra Nova, que li va prometre mantenir-se ferma i no cedir ni fer-se enrere.

La situació que va viure a Serra Nova és un altre exemple de tot el que Casaldàliga havia vist en el temps que feia que era a la regió. Era l'any 1970 i en dos anys havia estat testimoni de prou injustícies i prou brutalitats per decidir-se a fer un gest de compromís definitiu i clar. No era suficient fer mala cara als terratinents. Calia alguna cosa més, i per això va decidir que aquell era un bon moment per denunciar públicament aquella situació inhumana. Durant la tardor de l'any 1970, coincidint amb el moment en què l'Església va instituir oficialment la prelatura de São Félix, Casaldàliga va redactar un informe en què denunciava la situació d'esclavitud i explotació que vivia la gent de la prelatura. L'informe es deia «Esclavitud i feudalisme en el nord del Mato Grosso» i el va enviar a les principals autoritats del país, a la presidència de la Conferència Nacional dels bisbes del Brasil i a la Nunciatura. El nunci, després d'elogiar diplomàticament el valor que suposava fer aquella denúncia, va demanar a Casaldàliga, també diplomàticament, que no publiqués aquell document a l'estranger perquè d'aquesta manera contribuiria a la campanya de difamació que allà s'orquestrava contra el Brasil.

Aquest document té una gran importància perquè va ser un altre pas endavant que feia impossible el retorn. Era una manera de plantar cara i ell era conscient de les conseqüències que això suposava. «La nit del dia en què vaig firmar aquest document —escrivia Casaldàliga— era una nit de *luar*. Vaig sortir a veure la lluna gran i a respirar l'aire fred i em vaig oferir al Senyor. Sentia que amb aquest document podia haver firmat també la meva sentència de mort; en tot cas, acabava de firmar un desafiament.»

Casaldàliga s'ha hagut d'acostumar a escoltar com el qualificaven de comunista moltes vegades des d'aquells dies. Segons els seus enemics, era un agent estranger que volia introduir la revolució comunista al Brasil. Suposo que pot haver-hi gent que encara ara, molts anys després, pensi que Casaldàliga és un bisbe comunista. Després de les moltes hores que he passat xerrant amb ell crec que en aquesta idea hi ha dues mentides i una veritat. Casaldàliga no és ni estranger ni comunista. Ara bé, sempre ha estat un revolucionari i ha sentit admiració per tots aquells que han donat la vida per un ideal. Potser per això va dedicar un dels seus poemes més coneguts a la mort del Che Guevara:

Descansa en pau, amic.
Alliberat de la fatiga asmàtica
de respirar.
Alleugerit de les tensions de la «guerrilla»
Nets d'odi els ulls agònics.
Netes les mans de sang.
(Morir és vèncer
des d'aquell dia
en què algú volgué morir per tots,
matat com molts.)
Ni els «bons» ni els «dolents»
—a banda i banda—
podran copsar el meu cant.
Diran que sóc poeta, simplement.
Pensaran que m'ha guanyat la «moda».
Recordaran que sóc un capellà «modern»...
Tant se val!
Tu i jo som amics, Che.

I a través de la mort, sagrament de comunió,
ara parlo amb tu:
aquí tens un pom de jacarandàs perennes,
collits al bosc florit
de la meva Esperança.

Casaldàliga va escriure aquest poema en un moment en què la figura de Che Guevara ja era un mite a tot Amèrica Llatina. Quan les habitacions de milers i milers de joves inconformistes d'arreu del món començaven a tenir fixada a les parets la mirada tranquil·la i rotunda del guerriller mort. És el màrtir revolucionari per a tota una generació. Però el poema de Casaldàliga revela una admiració profunda i tinc la impressió que és un sentiment que ve de lluny. Hi ha alguna cosa més. «A mi em deien Che Guevara —em diu amb una mirada picardiosa—. Va ser a Roma, en la reunió del Capítol General dels Claretians, l'any 67. Discutíem l'acceptació del Vaticà II, hi havia dos sectors enfrontats i a mi em deien Che Guevara». El meu gest de sorpresa provoca en ell un somriure ample, barreja de nostàlgia i satisfacció. «Em preguntaven l'altre dia —afegeix— quina és la figura llatinoamericana que em sembla més significativa d'aquest segle. Dins de l'Església jo diria que ha estat el bisbe Romero, i fora de l'Església jo diría que el Che. Sí, perquè va ser capaç del que va ser capaç i significa el que significa... Es va equivocar com s'equivoquen tots els grans. Els petits no s'equivoquen. Quan dic petits vull dir raquítics, no petits en el sentit evangèlic de la paraula. Només aquell qui s'aventura es pot equivocar. Deia, em sembla que Rabindranath Tagore, que si tanques la porta a tots els errors t'exposes a tancar la porta a la veritat, i jo hi estic totalment d'acord.»

III

EL PARE DELS GOLFOS

Acompanyo Casaldàliga al Centre Comunitari de São Félix. L'han avisat de l'arribada d'un grup d'indis xavante que s'hi ha instal·lat. El Centre, un edifici rústic situat a la vora del riu que acull la gent dels pobles de l'interior que està de pas per la capital, és una de les moltes millores que el temps i la constància de l'equip de la prelatura han introduït en la regió. Els xavante són tres indis joves que han arribat a São Félix per intentar vendre la seva artesania. Quan veuen arribar el bisbe s'aixequen de la taula on estaven menjant i corren a abraçar-lo. És una abraçada espectacular: els xavante, a diferència d'altres tribus de la zona, són alts i corpulents, tot un contrast al costat de la figura escanyolida de Casaldàliga. Sempre m'ha sorprès la manera que té de saludar la gent: com si la conegués de tota la vida. Suposo que els trenta anys a la regió i els molts quilòmetres que porta a l'esquena hi ajuden bastant. Els pregunta pel viatge, per la família, s'interessa per la gent de la tribu que coneix. Riu. Riuen.

De sobte, l'expressió del seu rostre canvia i els pregunta, indefectiblement, pels problemes de la terra. Els xavante, com la resta d'indis del Brasil, igual que pràcticament tots els pobres d'aquest país, també tenen problemes de terra. «Aquí al Brasil fa anys que vivim la guerra de la terra —m'explica

Casaldàliga—. Si repasses la història de l'Amèrica Llatina, trobaràs que gairebé a tots els països les grans convulsions socials han estat per conflictes de terra. I les grans obres literàries dels novel·listes o cineastes llatinoamericans amb molta freqüència tenen el problema de la terra com a rerefons. Jo sempre dic que el primer crit dels conqueridors, dels invasors, ja va ser: terra, terra! La lluita per la terra ha estat la lluita llatinoamericana. En aquest continent, si no s'aconsegueix una certa socialització de la terra, i també de l'educació, de la sanitat, de les comunicacions..., no hi haurà democràcia ni pau. Tota acumulació suposa exclusió. Ho pots signar amb la meva sang.»

Casaldàliga anima els xavante a plantar cara. A no deixar-se trepitjar pels terratinents. Els indis l'escolten seriosos amb una mirada que em sembla fins i tot ferotge. En el temps que fa que sóc a São Félix he tingut ocasió de veure altres indis, sobretot de la tribu dels karajà, i alguns tapirapè. Els xavante són molt diferents. Cada tribu és gairebé una nació i els caràcters i els estils no tenen res a veure els uns amb els altres. Els xavante viuen al sud de la regió i he de confessar que, si no fos que estic amb el bisbe, no deixaria de sentir-me incòmode i intranquil davant la mirada d'aquests tres indis. Però la conversa denota la gran confiança que els inspira Casaldàliga. Ningú no te cap mena de dubte: els seus sentiments i la seva voluntat són comuns. Des que l'equip de la prelatura va prendre consciència dels problemes de la regió i va decidir no ser neutral, les postures són molt clares. L'església de São Félix no té només un compromís religiós sinó que també ha assumit la responsabilitat de fer política. Per això han rebut moltes crítiques, de vegades provinents de la mateixa jerarquia eclesiàstica; han estat insultats, perseguits i amenaçats. Però no volen canviar. «S'ha de fer política, sí senyor —insisteix amb vehemència Casaldàliga—, i no es pot fer religió veritable, sobretot religió cristiana, si no es fa també política. Tot és política, encara que la política no ho sigui tot. El manament primer, que al capdavall és l'únic que tenim els cristians, com va dir i va fer el mateix Jesús fins a la mort, és estimar-nos els uns als altres com ell ens va estimar, i la prova última és donar la vida i ell va dir que havia vingut perquè hi hagués vida en abundància. Si no em preocupo de la terra, de la salut, de l'educació, de les comunicacions, fins i tot de les vacances per descansar, no m'estic preocupant de la vida humana. Perquè jo m'he de preocupar de la vida en aquest món; la vida en l'altre món és un assumpte de Déu que Ell resoldrà molt bé, perquè allà hi haurà vida i vida en abundància per a tots. Ara ens toca defensar la vida, millorar la vida i universalitzar la vida aquí, en aquest món. I si l'Església, el Papa, els bisbes, els capellans, les monges i tots aquells que es consideren batejats i dins l'Església no fem política, vull dir, no tirem endavant les conseqüències socials, polítiques i econòmiques que té la fe, ¿quin testimoni d'amor donem? ¿Com construirem a la terra el regne de Déu? ¿Quina credibilitat tindrà el que fem i diem?»

Casaldàliga parla de manera pausada, amb la veu lleugerament trencada per l'edat i una musicalitat característica a causa de l'accent brasiler que impregna el seu català. La convicció que imprimeix a les seves paraules em fa pensar que aquest és un discurs que ha repetit moltes vegades. No sé quan va començar a pensar d'aquesta manera. Evidentment, les experiències que ha viscut a São Félix l'han marcat, però va arribar al Brasil quan ja tenia quaranta anys i havia crescut en un ambient familiar de dretes, havia estudiat en diferents seminaris en ple règim franquista. ¿Quan va començar a canviar? «Jo sempre he estat d'esquerres —em contesta amb un to lleugerament irònic—, ja de petit era esquerrà, però en aquells temps estava prohibit i no ens deixaven escriure amb l'esquerra. De manera que fins i tot biològicament sóc d'esquerres. Després, com diu el meu company Milton Nascimento en aquella cançó: "amigo e cosa de se guardar debaixo de sete chaves do lado esquerdo do peito". A l'esquerra hi tenim el cor... Quan diem en el Credo que Jesús seu a la dreta del Pare, depèn de com es miri. Allà al cel pot ser a la dreta, però aquí a la terra ha de ser a l'esquerra». Riem obertament. Es fa un silenci i davant la meva insistència Casaldàliga afegeix: «El diàleg obert amb el marxisme i amb els marxistes ha tingut lloc a l'Amèrica Llatina. Aquí hem barrejat les cançons, la suor i la sang. I és mentida afirmar que la teologia de l'alliberament s'inspira en el marxisme: la teologia de l'alliberament s'inspira en l'Evangeli i en la pobresa. Però evidentment utilitzem categories marxistes i gràcies a Marx hem entès millor el capitalisme. Jo dic sempre que Marx a més de tenir una bona barba tenia també un bon cap que li va donar Déu.»

Casaldàliga va ser ordenat sacerdot el 31 de maig de 1952, als vint-i-quatre anys, en una ordenació multitudinària de més de nou-cents joves vinguts d'arreu del món; una gran cerimònia que es va fer coincidir amb la celebració a Barcelona del Congrés Eucarístic Internacional. «Va ser una olimpíada —recorda—. En un salm vaig escriure el que vaig sentir i el que pretenia en aquell moment. El mar era una metàfora. El mar eren les missions, l'Univers». Volia ser missioner, era una vocació que arrossegava des del seminari claretià, un desig profund que es reflectia en les cartes que enviava a casa, on parlava dels seus somnis d'anar al Japó, a la Xina, a l'Àfrica o a Amèrica. «Espero que no voldreu tenir un fill i un germà missioner a mitges —els escrivia— . Ara per ara no ens deixen anar a Rússia; potser d'aquí a un temps, si Déu ho vol».

La primera missió no va ser Rússia. Els primers passos com a sacerdot els va fer a Sabadell, en un col·legi on feia classes deu hores diàries. De l'any 1952 al 1958. Una època viscuda amb una extraordinària intensitat. Quan acabava les classes iniciava les feines d'apostolat a la Congregació Mariana i també als cursets de cristiandat, una pràctica a la qual va estar molt vinculat durant molts anys. Ràpidament va començar a fer-se conegut i fins i tot popular: la gent de Sabadell que el va conèixer en aquell moment recorda que sempre hi havia cua al seu confessionari. Era sorprenent la seva capacitat de treball. Una de les persones que el va tractar aleshores recorda que li va dir: «Això no ho podrà aguantar gaire temps, pare». La resposta del jove Casaldàliga va ser: «Però hauré viscut el doble». Sempre estava ocupat, però sempre tenia temps per a tot. Alguna vegada la son el traïa, i alguns dels que van ser alumnes seus recorden que més d'un cop es va adormir a classe. En algun lloc o altre havia de dormir, perquè les nits les dedicava a escriure. Escrivia de tot: poemes, articles periodístics i també guions radiofònics que signava amb el pseudònim de Manuel Santamaria. Un cognom de poc camuflatge, que denota una profunda passió mariana que no ha abandonat en tota la seva vida. Un dels articles publicats amb aquest pseudònim, amb el títol de «Visca Rússia!», deia: «Desitjar que Rússia visqui és desitjar la derrota del que ara és aquesta URSS... Portem Rússia en el cor. I no ha de ser res dolent aquesta debilitat quan la mateixa Verge la porta també en el Seu». L'article no és cap proclama subversiva ni deixa intuir el seu futur ideari progressista; això no obstant, va ser precisament en aquesta època, durant els seus primers anys de sacerdoci, quan va començar a tenir problemes amb la censura.

Al seminari, Casaldàliga havia descobert i educat una

certa vocació periodística. A Sabadell va tenir l'oportunitat de practicar l'ofici: va crear i dirigir la revista *Eufòria!*, una publicació de la joventut catòlica que només va durar vuit números perquè el seu esperit crític i reformista, amb una línia editorial pròxima als sectors més renovadors de l'Església, en va precipitar la desaparició. D'altra banda, Casaldàliga va començar aleshores a deixar-se amarar per la realitat social que l'envoltava. El contacte amb el món obrer i les condicions de vida dels immigrants que s'amuntegaven en els barris pobres de Sabadell van causar un gran impacte en el jove sacerdot i van començar a influir en el seu pensament: «Ja quan vivia a Balsareny —recorda Casaldàliga—, i venien castellans que dèiem, genèricament, que fugien de l'ocupació dels nacionals, jo em feia amb ells, saltàvem a la corda junts i jugàvem a xapes. Jo m'hi feia. Potser perquè he tingut sempre una certa connaturalitat amb el marge, amb els marginals. Potser per una mena d'esperit compassiu, o per una mena de dèria poètica, no ho sé. Potser és una qüestió de sensibilitat, perquè no puc presenciar un sofriment sense reaccionar. Aquells barris d'immigrants em van impressionar molt. Recordo que a Sabadell em deien el pare dels golfos precisament perquè tenia aquesta proximitat amb els marges».

De Sabadell va ser destinat a Barcelona, on li van encomanar, entre altres noves responsabilitats, la direcció del local de la joventut claretiana. Aquesta ciutat va desvetllar encara més la seva consciència social. Pel seu local del carrer de Nàpols va començar a desfilar diàriament una autèntica legió de desheretats d'aquell moment: pobres, delinqüents, aturats, malalts... Alguns d'ells, alguna nit, van arribar a dormir al seu propi despatx. «Gràcies a aquesta desfilada real —escrivia Casaldàliga sobre aquella gent— , a aquesta transposició del cel·luloide a la carn viva, enteníem bastant millor —els joves "normals" i jo— les pel·lícules socials del nostre cine-fòrum...» Evidentment el Casaldàliga d'aquells anys no era un sacerdot conservador, però tampoc era un revolucionari. Era un home d'acció que patia extraordinàriament davant la pobresa i la misèria que s'aplegava a la porta del Casal, i per això no només oferia compassió, sinó que va organitzar una escola nocturna i una borsa de treball a base de llistes d'empreses per donar feina als immigrants acabats d'arribar i als aturats que demanaven ajuda. Al mateix temps, Casaldàliga era un jove que sentia una intensa atracció per la vida contemplativa —en alguna ocasió ha reconegut que ha sentit amb força la crida de la vida de clausura— i que tenia una gran vocació ascètica i mística. Els companys d'aquella època recorden que sovint utilitzava el cilici. Era una manera de demostrar la radicalitat de la seva opció de vida i la determinació d'arribar a l'extrem de sacrificar la pròpia salut. Sempre m'ha costat entendre la necessitat que té ningú d'utilitzar un cilici; també em costa d'entendre que ho fes Casaldàliga, però crec que, d'alguna manera, era una preparació per a tot el dolor que havia de venir.

A Barcelona va seguir amb els cursets de cristiandat. És curiós el seu lligam a una pràctica, els cursets, que era molt criticada en alguns sectors de la societat catalana del moment, i sobretot entre els sectors progressistes d'Amèrica Llatina, perquè es consideraven un instrument d'Acció Catòlica utilitzat pels elements més conservadors de l'Església.* «També hi havia sectors que acusaven els cursets de tot el contrari —contesta Casaldàliga—: deien que eren cèl·lules anticlericals i antijeràrquiques perquè els seglars hi tenien un paper rellevant. A mi, en tot cas, els cursets em donaven molta empenta i entusiasme. Recordo aquelles

* Els cursets no eren instruments d'Acció Catòlica.

nits boges, xerrant amb matrimonis, amb gent força interessant amb la qual no havia tingut gaire contacte fins aquell moment. A mi em van ajudar a conèixer els seglars i els seus problemes i conservo encara grans amistats d'aquella època.»

Precisament van ser els cursets els que van facilitar el seu primer contacte amb el Tercer Món. L'any 1960 el van enviar a Guinea amb un grup de religiosos amb l'encàrrec d'implantar els cursets de cristiandat en el que aleshores era una preuada colònia espanyola. El seu esperit progressista es va poder manifestar quan es va haver d'enfrontar amb alguns respectables representants de les forces vives de la colònia perquè els cursets fossin mixtos, amb blancs i negres. «O cafè amb llet o res», va ser la seva consigna. Va ser una experiència esclaridora que va servir per intensificar la seva vocació missionera. «El moment era molt estimulant —recorda Casaldàliga— perquè es vivia el sagnant despertar del Congo Belga com un símbol intens del despertar d'Àfrica. Vaig sentir Àfrica, colonitzada i catequitzada, físicament com el cop de vent tropical que em va envair els pulmons a l'aeroport... Vaig sentir furiosament la realitat i la crida del Tercer Món. I quan vaig tornar, la vigília de Reis, amb la meva sotana blanca deliciosament ridícula per a un mes de gener a Madrid, portava per sempre en el cor, confusament, com un fetus, Àfrica, el Tercer Món, els Pobres de la Terra i aquesta nova Església, l'Església dels Pobres, com es diria després del Concili.»

A l'estiu de l'any 1961 Casaldàliga ja tenia el bitllet per tornar a Guinea, per complir el seu somni, quan els seus superiors li van comunicar una nova destinació: Barbastre. Havia de ser el prefecte del seminari claretià de Barbastre, el mateix centre on havia estudiat quan era un seminarista adolescent. A Barbastre va viure amb emoció la ventada renovadora que va suposar el concili Vaticà II. Tanmateix, la pressió d'haver de servir d'exemple als joves seminaristes el va fer ser especialment escrupolós en el seu càrrec. «Vaig tornar a l'oració intensa —va escriure Casaldàliga recordant aquell temps—, a la fidelitat de les petites coses, als cilicis i les deixuplines, les espelmes nocturnes i els dejunis. Però vaig haver d'arriscar-me a una revisió, compromesa amb la pràctica, dels motllos de la Vida Religiosa i Apostòlica. Perquè jo era un formador. Un formador iconoclasta. D'entrada vaig cremar totes les flors de plàstic del seminari, vaig retirar alguns sants acumulats en el petit altar de la capella i vaig revolucionar —una altra vegada a contrapèl dels superiors: pacient, virgilià pare Mir!— horaris i costums, pregàries, lectures, orientacions i perspectives.»

Va estar dos anys dirigint el seminari, el temps suficient per transformar-lo en una institució menys tradicional, fins que un dia d'estiu de l'any 1963, mentre es trobava d'acampada al Pirineu amb els seminaristes, li va arribar la nova destinació. No marxava a les missions; l'enviaven a Madrid com a nou director de la centenària revista dels claretians *Iris de Paz*.

Els quatre anys que va passar a Madrid van servir perquè Casaldàliga tornés a posar en pràctica la seva vocació periodística, recuperés el contacte amb la pobresa dels suburbis de la capital, i trobés nous arguments per enfrontar-se amb la jerarquia eclesiàstica. Els seus superiors de Roma van estar a punt de fer-lo dimitir per un article que va publicar a la revista on qualificava de «decebedor» un text social de l'episcopat espanyol. Al voltant de la revista i d'altres activitats, a Madrid es va consolidar un grup de claretians joves i amb voluntat modernitzadora que va significar l'inici d'algunes amistats que serien importantíssimes en la seva futura etapa missionera. Va ser a Madrid on va conèixer Teófilo Cabestrero, l'autor d'alguns dels llibres que expliquen l'experiència de Casaldàliga al Brasil, i també Maximino Cerezo Barredo, el pintor de la teologia de l'alliberament que ha decorat la majoria de les esglésies de la regió de São Félix.

L'impacte del Vaticà II es va deixar sentir en el grup de Casaldàliga no només en la seva imatge exterior, amb l'ús del *clergyman*, sinó també en les pressions que van dirigir a la Congregació Claretiana. Van decidir trametre una carta ultimàtum al pare Schweiger, superior general de l'Institut: «O la congregació acceptava el Vaticà II —va escriure Casaldàliga recordant aquell moment— o nosaltres hauríem de temptejar altres camins. Recordo que vam firmar aquella carta en la "quixotesca" penombra de la sala de redacció d'*Iris*, com qui signa una demanda d'exclaustració o un manifest revolucionari».

La carta va tenir un efecte ràpid i a finals de l'any 1967 es va celebrar a Roma un capítol general de renovació. Casaldàliga, en aquell moment estava a punt de ser nomenat provincial d'Aragó, va ser cridat a participar-hi com a representant d'aquesta província. Hi va haver un enfrontament obert entre les dues tendències que coexistien dins l'Institut Claretià. La cel·la on es reunia el grup dels joves va ser anomenada «Sierra Maestra» i Casaldàliga es va guanyar el qualificatiu de «Che Guevara». Feia poc que el guerriller havia mort i es va convertir en un símbol de la petita revolució religiosa d'aquell grup de claretians.

El capítol de renovació va acabar amb el millor dels resultats possibles: l'Institut va acceptar renovar-se en la línia del Vaticà II i va decidir obrir noves missions al Brasil i a Bolívia. Casaldàliga veia ben a prop la possibilitat de fer realitat el seu somni. A Madrid havia tingut problemes al capdavant de la revista *Iris* a conseqüència d'alguns articles crítics que havien molestat el govern franquista de l'època. El ministre d'Informació d'aquell moment, Manuel Fraga Iribarne, va amenaçar de tancar la revista si no es canviava la línia editorial. Això va obrir la possibilitat de la marxa de Casaldàliga a les missions. Per fi va obtenir el que volia: va renunciar al càrrec de provincial de l'Aragó, que li havien ofert després de dimitir com a director de la revista *Iris*, i va aconseguir que li assignessin l'encàrrec de fundar una missió a la regió nord del Mato Grosso.

En acabar el capítol va tornar a Catalunya, va passar uns dies a Balsareny acomiadant-se de la família i, finalment, el 26 de gener de 1968 ell i Manuel Luzón van canviar els onze graus sota zero de Madrid pels trenta-vuit graus a l'ombra de Río de Janeiro. «Finalment, finalment —recorda Casaldàliga el que va sentir en aquell moment— és com aquell que es passa vint, o trenta o quaranta anys festejant i finalment arriba l'hora de casar-se. Una mica per tossuderia i una mica per vocació, les dues coses.»

Casaldàliga és un conversador infatigable; ja fa moltes hores que enraonem al jardí de la seva casa de São Félix, resseguint la seva vida i aguantant una temperatura similar a la que va trobar-se la primera vegada que va arribar al Brasil, propera als quaranta graus. La calor és insuportable: el mínim moviment em deixa amarat de suor. Fins i tot el simple exercici de la conversa pot resultar fatigant enmig d'aquesta xafogor. Sembla que això no afecta Casaldàliga, que en trenta anys s'ha hagut d'acostumar a la calor, als mosquits, a les malalties i a les incomoditats d'aquest país. En trenta anys, però, no ha estat ni la calor ni els mosquits el que més li ha costat de suportar. El record, sempre present, de les experiències viscudes al llarg dels primers anys a la regió és una ombra especialment dura i amarga.

IV

UN REM I UN BARRET DE PALLA

Feia tres anys que Casaldàliga era al Mato Grosso i ja havien posat preu al seu cap. La publicació de l'informe sobre l'esclavitud a la regió i la possibilitat que el Vaticà l'ordenés de bisbe van fer que els seus enemics intentessin eliminar-lo. Van oferir a un pistoler mil cruzeiros, una quantitat considerable en aquell moment, un revòlver del 38 i un bitllet amb la destinació oberta. Era la primera vegada que se sentia directament amenaçat de mort. «El pistoler —recorda ara Casaldàliga— tenia aquella subconsciència cristiana i sembla que li feia alguna recança el fet de matar un "pare"... Ell, que en el fons era un pobre peó, va passar uns dies pensant si ho feia o no ho feia: sí, no, no, sí... A la margarida en aquells moments s'hi desfullava la meva vida. Sembla que no va poder més i per descarregar la consciència va explicar-ho tot al Pedrito, un dels sacerdots de l'equip. El Pedrito li va dir que tingués coratge de denunciar-ho a la policia. Ho va fer i nosaltres li vam facilitar la sortida de la regió.» El peó va fer una declaració per escrit davant la policia i com que no sabia escriure la va signar amb la seva empremta digital. Casaldàliga en conserva una copia: «Jo, Vicente Paulo de Oliveira, peó de la companyia Bordon, declaro que el capatàs Benedito Teodoro Soares, de sobrenom "Boca Quente", va disparar contra tres homes (Benedito da Silva, Geraldo i Vicente Paulo) perquè no estaven conformes amb la paga rebuda. Benedicto "Boca Quente" em va demanar que matés el pare Pedro i si el matava em donaria 1000 cruzeiros, un revòlver de 38 i un passatge per a allà on volgués. Em va demanar insistentment que el matés i em va avisar que si el descobria a ell, em mataria».

La notícia d'aquesta amenaça va arribar a Casaldàliga quan era a Serra Nova, el poble que havia vist néixer, per dir als camperols que havia fracassat en tots els seus intents per aconseguir que la *fazenda* Bordon canviés els seus plans d'ofegar el creixement del poblat amb la construcció de tanques per al bestiar. No li havien fet gens de cas. La tensió era cada vegada més gran. D'un costat els terratinents i els pistolers, de l'altre els *posseiros* de Serra Nova, i enmig els peons a sou del latifundi. Casaldàliga necessitava ajuda. A la prelatura havien arribat alguns sacerdots i algunes monges més, però no era suficient. Calia trobar gent disposada a instal·lar-se un temps convivint amb els camperols en les seves comunitats perquè les campanyes missioneres que estaven en marxa fossin efectives. Era necessari trobar mestres que, seguint el mètode de Paulo Freire, alfabetitzessin i al mateix temps obrissin la consciència dels treballadors. Casaldàliga es va assabentar que en el seminari claretià de Campinas, prop de São Paulo, s'havia viscut una petita revolució i tots els seminaristes havien estat expulsats. Els claretians brasilers tenien fama de ser una congregació força conservadora (i imagino —i no sé si és molt imaginar— que aquest és el motiu pel qual la diòcesi de São Félix, que era una missió que s'havia encarregat als claretians brasilers, es va haver de cobrir amb missioners de la mateixa congregació, però estrangers). Casaldàliga es va posar ràpidament en contacte amb el grup de seminaristes per demanar-los ajuda i per oferir-los la possibilitat d'anar a treballar a São Félix. Un d'aquests exseminaristes era en Moura, un jove de São Paulo que feia poc temps que havia començat a estudiar periodisme. Ho va deixar tot per anar amb Casaldàliga; sabia que no cobraria res i que s'hi jugava la vida però sembla que això li importava poc. «Casaldàliga tenia una personalitat que em va arrossegar —diu en Moura, a qui vaig entrevistar abans de viatjar a São Félix—. Jo el vaig descobrir al seminari. Va ser un temps horrible, els nostres professors i superiors eren molt reaccionaris, fins i tot ens prohibien la lectura dels documents que recollien les conclusions del Concili Vaticà Segon. Enmig d'aquest ambient vaig descobrir la revista *Iris*, que Casaldàliga va dirigir durant una breu etapa a Madrid. Era un glop d'aire fresc. Els seus escrits eren una visió totalment nova i diferent per a mi. Per això quan el vaig conèixer personalment i vaig saber quina era la feina que feia al Mato Grosso no vaig dubtar a acompanyar-lo, i el mateix van fer molts dels meus companys expulsats del seminari.»

Actualment Moura viu a Goiânia, una gran ciutat del centre del país, i la seva casa sempre és oberta per acollir qualsevol que pronunciï el nom de Casaldàliga. El vaig visitar abans de viatjar a São Félix: és un homenàs de metre vuitanta-cinc d'alçada, alguns quilos de més i una mirada incisiva i directa. Com que havia participat directament en les primeres campanyes missioneres i havia estat el responsable de l'alfabetització als nuclis de Pontinòpolis i de Serra Nova, on havia sofert múltiples amenaces i dos intents d'assassinat, li vaig demanar que em parlés de la seva experiència com a mestre de camperols. Em va impressionar veure'l plorar. Però no era el record del sofriment ni de la repressió la causa de les seves llàgrimes: va plorar quan m'explicava la lliçó més gran que havia rebut en tota la seva vida. Ell, que havia anat a aquella terra per ensenyar, s'emocionava per allò que havia après. «En els primers moments els camperols encara ens tenien una mica de recel —recorda en Moura—, no acabaven de fiar-se'n. De mi, com que era alt i gros, pensaven que podia ser el fill d'un "tauró" —els terratinents els anomenaven taurons—; de Casaldàliga tenien menys dubtes perquè era un capellà, però tampoc es pot dir que n'estiguessin totalment segurs. De mica en mica vam aconseguir desfer els dubtes; vivíem amb ells, menjàvem el mateix que ells... I et puc assegurar que era ben poca cosa: mai no he passat tanta fam, passàvem dies sencers menjant només arròs. Tot això ho fèiem perquè volíem transmetre'ls la seguretat que érem allà per ajudar-los. Un cop començàvem a guanyar-nos la seva confiança creàvem els consells de veïnatge, triàvem quatre o cinc persones responsables del grup i fèiem que fossin ells els qui prenguessin les decisions de la comunitat.» El que estava explicant era interessant, però encara no podia entendre el perquè de la seva emoció. Jo volia que m'expliqués el que havia viscut a Serra Nova, els problemes amb els pistolers, la violència i la tensió d'aquell moment, i ell insistia a seguir amb el seu relat. Deia que el primer consell de veïnatge que havia creat havia estat a Pontinòpolis, un poblet veí de Serra Nova. Havia estat un procés delicat perquè allà els camperols estaven enfrontats entre si, en dos grups amb clares diferències: els qui vivien a la selva es dedicaven a l'agricultura i els qui vivien al camp tenien petits ramats. Zeca era el líder de la gent del camp, i Toinho, dels de la selva. «No es podien veure, no es parlaven, estaven molt enfrontats —recorda en Moura—. De tota manera, tots eren petits camperols amb problemes de terra i per això nosaltres vam voler que tant el Zeca com el Toinho formessin part del consell de veïnatge. L'ambient a les reunions sempre era molt tens. Però calia que hi fossin tots dos perquè el consell fos representatiu, i nosaltres estàvem molt contents per haver aconseguit unir-los. Era tot un èxit del qual ens sentíem molt orgullosos. Una nit, després d'una reunió, vam començar a parlar amb franquesa i a confessar el que havíem pensat els uns dels altres quan ens coneixíem poc. Va ser quan Zeca, enmig de fortes riallades, va reconèixer que pensaven que jo era fill del "tauró". De sobte, en Toinho, que sempre estava molt callat, em va dir que ell també volia explicar-me un secret. "Tu penses que en Zeca i jo", va dir-me, "no som amics, però això no és veritat. Tots dos sabem quins són els nostres enemics de veritat i preferim que es pensin que estem enfrontats, però ell i jo mai no hem estat enemics. No ens parlem en públic, això és cert. Però ens trobem secretament, a la nit, quan hi ha algun problema per resoldre, per planificar accions conjuntes i posar-nos d'acord. Ell i jo no som enemics, l'enemic és un altre."» Ja no em van resultar estranyes les llàgrimes d'en Moura. Llavors vaig comprendre perfectament la seva emoció. Aquella vivència era com una revelació. En un instant real s'havia condensat tota la teoria del mètode de Paulo Freire que tant havia estudiat i que pretenia aplicar entre aquells camperols. Era una mostra de saviesa tan enlluernadora i una lliçó d'humilitat tan gran que, segons les seves pròpies paraules, «des d'aquell moment mai més no vaig poder considerar aquella gent, ni ningú, com ignorants».

Després d'aquella lliçó, Casaldàliga va demanar a Moura que s'instal·lés a Serra Nova. La violència que es vivia en aquell poble acabat de néixer era intensa: els pistolers de Boca Quente, el capatàs de la Fazenda Bordon, passejaven borratxos pels carrers disparant a les cases dels camperols i cridant amenaçes de mort contra Casaldàliga i Moura. «El responsable d'aquella gent era Boca Quente —diu en Moura—; jo no vaig arribar a parlar mai amb ell. Recordo haver-lo vist de lluny, dalt del seu cavall, com una figura terrorífica. Ell havia ordenat als pistolers que em matessin, i per això un dels *posseiros*, en Natal, va dir que ell em protegiria. Encara em sembla que el puc veure caminant al meu costat i sempre armat amb un matxet enorme —recuperar la imatge de Natal amb el matxet provoca el somriure en Moura—. Jo només, tenia vint-i-un anys, i no em podia treure del cap la idea de morir jove. Recordo que tenia un tocadiscs a piles i un dels discs que m'havia portat era de Milton Nascimento. La lletra d'una cançó deia: "*Teus poucos anos de vida valen mais do que cem anos*". No sé per què, però no podia deixar de repetir insistentment aquella estrofa. Era una obsessió.» «Benedito Boca Quente». Quan demano a Casaldàliga que recordi aquest nom el seu rostre fa un gest de fatalitat: «Li deien Boca Quente fent referència a la boca calenta del canó del seu revòlver —fa una mitja rialla—; totes les novel·les que puguis haver llegit queden petites al costat de la realitat. Em van dir que al cap d'uns anys algú va matar Boca Quente a Goiás. Ell era "*um valente*", en el sentit que aquí al Brasil es dóna a la paraula *valente*, que té més de fatxenda que no pas de valent. Aquí hi ha una dita que diu que un *valente* sempre en troba un altre que encara ho és més».

La tensió que es vivia a Serra Nova va obligar les autoritats de la regió a enviar dos policies per «vigilar» les accions dels camperols durant les festes del poble. Eren les primeres festes de Serra Nova i calia buscar patrona. Casaldàliga, que ja havia batejat el poble, no va tardar gaire a buscar-los una patrona nova de trinca i amb un nom d'allò més escaient: Nossa Senhora dos Posseiros. La presència dels dos policies contribuïa a augmentar el clima de terror que es vivia en aquells primers dies del mes de setembre del 1971 en aquell racó perdut del Mato Grosso. Un dels objectius que es van marcar en aquells primers moments Casaldàliga i Moura va ser intentar que els peons a sou del latifundi i els *posseiros* no estiguessin enfrontats, que era el que pretenien els terratinents, i intentaven fer-los adonar que tots eren víctimes de la mateixa injustícia. Per donar una imatge aproximada de l'ambient salvatge d'aquells dies en aquell lloc pot servir aquesta vivència que Casaldàliga explica en una carta als amics de Catalunya: «Aquesta setmana dos policies que venien per mantenir l'ordre durant les festes, perquè els peons de la *fazenda* —i els capatassos i *fazendeiros*— vénen sempre armats i cada cap de setmana hi ha baralles pels carrers, com en un veritable *far west*, han mogut un escàndol brutal. Un d'ells apallissà un pobre peó que ja havia lliurat l'arma i no estava implicat amb ningú; jo, el professor Moura i el poble reaccionàrem: els policies hagueren de marxar. Es deixaren dues prostitutes de les quatre que havien portat amb ells...! Anàrem al camp eixarmat enmig de la selva i recollírem el peó. Vaig rentar-li la roba i l'atenguérem. Aquella mateixa nit arribaren més de trenta companys armats, disposats a carregar-se la policia. En parlàrem. S'està creant un clima bo. En definitiva, peons i *posseiros* —els ho dic als uns i als altres— sofreixen l'opressió dels mateixos tirans: el latifundi els està oprimint a tots.» La carta acaba amb una sentència rotunda: «Sento ara allò que és una estructura de pecat; sento el latifundi com una carn real, com una malaltia, com un pes sobre l'ànima. Moura i jo somniem amb freqüència: el pobre noi, meravellós, ha sofert veritables angúnies. Sovint hom fa un esforç per respirar a fons. No estic amargat ni trist ni sol. És una altra cosa. De totes maneres dono gràcies al Senyor per la gràcia de ser aquí... ¿Què més podria desitjar en la vida?».

No era estrany sentir-se com un pioner protagonista de la història enmig d'aquell ambient i d'aquella gent. Tampoc ho va ser que quan els camperols van decidir emprendre accions directes contra la Fazenda Bordon, Casaldàliga no només ho aprovés sinó que també hi prengués part. Van decidir anar tots junts per abatre les tanques i obrir un tros de selva de la qual s'havien apropiat per força els terratinents. Era una manera d'obrir Serra Nova al futur, d'assegurar-se terra per cultivar. L'emoció que va sentir davant aquella gesta es transmet en el seu diari: «Va ser un dia de *mutirao* —de treball comunitari— meravellós. Jo i un noi fèiem d'aiguaders per als treballadors de la destral. Aquell dia vaig sentir la joia de veure caure els arbres: es desplomaven, com nedadors olímpics, sobre les aigües reunides de tot un poble. S'obria una porta al sol i al futur, i les fulles, colpejades, dansaven al cop d'aire, com confeti d'un festival de llibertat...».

Gairebé tot el poble de Serra Nova s'havia reunit en aquell acte de desafiament al latifundi. Els havien amenaçat i, a pesar de les rialles i les bromes que van presidir el *mutirao*, la por era un sentiment perfectament tangible. Casaldàliga va quedar profundament impressionat. Tant, que allà mateix, enmig de la selva, compartint la suor i la il·lusió amb aquells camperols, els va escriure un himne. No tenia bolígraf ni paper i el va haver d'escriure amb la punta de la navalla sobre una fulla de bananer silvestre. L'himne de Serra Nova es va fer ràpidament popular i es va convertir en l'himne de moltes comunitats rurals del Brasil. Els versos de la seva primera estrofa són contundents:

Somos um povo de gente,
somos o Povo de Deus.
Queremos terra na terra;
já temos terra nos Céus...

Casaldàliga taral·leja la cançó al pati de la casa de São Félix, on mantenim llargues converses desfullant i gairebé despullant la seva vida. «Després algú va posar música a aquells versos i ara molta gent els canta —recorda Casaldàliga—. La gent se l'ha fet seu potser perquè sintonitza molt bé amb la gent d'aquest país. Una de les frases que més ha marcat la meva vida és del pare Charles. El vaig descobrir entre les lectures missioneres que m'apassionaven al seminari. La frase diu: "la terra és l'únic camí que ens porta al cel". L'himne de Serra Nova és un himne a la terra, perquè em sembla que el cel és per compte de Déu, però la terra és pel nostre compte.»

La passió que va experimentar a Serra Nova era un sentiment que l'unia íntimament al destí de la gent pobra de tota la regió. L'havien transformat. Casaldàliga no era la mateixa persona que havia arribat feia tres anys a São Félix. El seu compromís era total. Potser per això, per aquesta mena d'adducció que l'arrelava al Mato Grosso, es pot comprendre la seva renúncia inicial al nomenament de bisbe.

Els rumors es van confirmar i aquell estiu va arribar el nomenament del Vaticà. Casaldàliga va escriure una carta rebutjant l'oferiment. Ho havia meditat llargament i havia pres una decisió ferma. La carta esperava la sortida del correu, un servei força precari en aquella època. L'atzar va fer que abans que la carta pogués sortir de São Félix, arribés al poble Tomàs Balduino amb la seva avioneta. Balduino, bisbe de Goiás és una de les persones de la jerarquia eclesiàstica brasilera que més ha ajudat i acompanyat Casaldàliga. Ell i la seva avioneta providencial —Balduino és un excel·lent pilot i disposa d'una avioneta propietat de la diòcesi de Goiás— sempre han estat al seu costat quan ho ha necessitat. Balduino va demanar a Casaldàliga que no hi renunciés. Va ser força insistent, li va recordar que ells estaven creant una nova imatge de l'Església i que necessitaven bisbes com ell, que la gent del Mato Grosso el necessitava com a bisbe. «Ell tenia la carta feta i estava a punt d'enviar-la —em va explicar Tomàs Balduino quan el vaig anar a veure a la seva residència de Goiás—. Jo li vaig dir que no podia comprendre per què ho feia. Perquè jo sempre l'he vist molt bisbe. Un bisbe segons la més clara tradició dels pastors de l'Església. Aleshores, com que ell és així, va decidir consultar-ho amb els sacerdots del seu equip. Tenien molta llibertat de crítica i li importava moltíssim la seva opinió. Ell és així —Balduino esclata a riure—, trenca amb la tradició del secret canònic. Està sota secret però primer ja el trenca parlant amb mi i després amb els altres sacerdots. Va succeir tal com li explico, i crec que finalment va ser l'Esperit Sant qui va decidir.»

El funcionament de la prelatura era molt democràtic. Per això, a pesar del secret, Casaldàliga es va reunir amb els sacerdots de l'equip per consultar-los la seva decisió de renunciar al nomenament. La resposta del grup va ser unànime: tots li van demanar que acceptés. «Ara ja no dubto, ni tinc por ni sorpresa —va escriure Casaldàliga detallant els seus sentiments d'aquelles hores—. Em sembla la cosa més senzilla del món. Vull ser "simple" i, si no fallo en la fidelitat a l'Evangeli, procuraré ser sempre un bisbe servidor i pobre. La consagració serà el dia 23 d'octubre... Prescindiré de tot empolainament. Demaneu perquè la veritat interior respongui al gest extern. Demaneu oració per mi, aquests dies: amics, convents coneguts, etc.» Ara, en un to molt menys profund, quan li faig recordar aquell moment de la seva vida, Casaldàliga reconeix que els membres del seu equip el van acceptar: «Perquè em coneixien i ja sabien quins eren els meus defectes. Em preferien a mi més que no pas a algú altre que vingués de fora. Ja ho diu l'adagi: A la filla del veí neteja-li els mocs i fes-la entrar cap a casa. Ells van dir, en Pere ja és un brau que podem torejar bé».

Casaldàliga va voler demostrar des del primer moment que seria un bisbe diferent. Va decidir no utilitzar ni mitra, ni bàcul ni anell. «No vull donar cap lliçó a ningú —deia en el seu diari—. Simplement vull ser conseqüent.» La notícia del seu nomenament es va escampar ràpidament per la regió. Per a algunes persones aquella notícia era un clar contratemps. Molts terratinents, i fins i tot també algun sacerdot d'alguna prelatura veïna representant dels sectors més moderats de l'Església del moment, van pressionar la nunciatura per intentar impedir la consagració. Argumentaven que Casaldàliga «afavoria la lluita de classes, s'inclinava només a favor d'uns, es feia el profeta per vanagloriar-se».

El futur bisbe va redactar una invitació-recordatori de la cerimònia que era una autèntica declaració de principis:

> La teva mitra serà un barret de palla *sertanejo*, el sol i el clar de lluna, la pluja i el serè, la mirada dels pobres amb qui camines i la mirada gloriosa de Crist, el Senyor.
>
> El teu bàcul serà la Veritat de l'Evangeli i la confiança del teu poble en tu.
>
> El teu anell serà la fidelitat de la Nova Aliança del Déu Alliberador i la fidelitat al poble d'aquesta terra.
>
> No tindràs altre escut que la força de l'Esperança i la Llibertat dels fills de Déu, ni faràs servir altres guants que el servei de l'Amor.

A una invitació d'aquestes característiques li corresponia una cerimònia original. A São Félix no hi havia cap catedral i per això el 23 d'octubre de 1971 la gent es va portar les cadires de casa per seure al costat del riu Araguaia al voltant d'un home amb un barret de palla *sertanejo* i un rem fet amb fusta de pau-brasil dels indis tapirapè. Casaldàliga volia renunciar a tota pompa eclesiàstica: seria un bisbe sense mitra ni bàcul. Un bisbe amb barret de palla. Els amics d'Espanya li van enviar, com a regal sorpresa, un anell que era una còpia idèntica del que Pau VI va regalar a tots els bisbes que van participar en el Concili Vaticà II. Tampoc se'l va voler posar. El va enviar a la seva mare, a Balsareny, i la família encara el conserva com un dels records més insòlits del seu parent d'Amèrica.

Encara ara a les mans només porta un rellotge vell i gastat i un anell que li van regalar els indis tapirapè, una peça rudimentària feta de *tucum*, un os de palmera que serveix de matèria primera per a molts dels seus objectes d'artesania. No em deixa de resultar xocant, sobretot venint del primer món, de «l'imperi del consumisme desenfrenat», com diria ell, aquesta absència de qualsevol signe de distinció. «En aquest temps de tant consumisme —m'insisteix amb convicció— em penso que l'Església de Jesús, i sobretot els que som més, o hauríem de ser més responsables dintre de l'Església hem de donar un testimoni d'anticonsumisme. El mercat, al capdavall té com a projecte el consumisme... El que em fa a mi no és el que tinc, el que em fa és el que sóc, el que estimo, les raons de la meva vida... El que dono és el que em fa, no el que tinc. Quan més dono, més tinc perquè sóc més. Quan més tinc i dono menys, tinc menys perquè sóc menys...» Després d'escoltar-lo amb atenció intento fer-li veure la dificultat per seguir aquest comportament enmig d'un món on els missatges consumistes ens envaeixen pertot arreu. Són paraules que em semblen plenes de sentit quan les escolto en aquest ambient però que em sonen utòpiques si m'imagino a Barcelona. «Jo no vull dir que tothom sigui frare. El que passa és que la gent actua com si digués jo no sóc jo, sóc les meves coses. És el contrari del que deia Ortega y Gasset: jo sóc jo i les meves circumstàncies. Per alguns primer són les seves coses i després ells. Jo sóc només un penja-robes de coses... Em sembla que la humanitat s'està frivolitzant molt. El consumisme consumeix la dignitat humana.»

Aquest esperit de senzillesa i de pobresa va marcar profundament l'acte de consagració de bisbe que es va fer a la vora del riu Araguaia. Va oficiar la cerimònia l'arquebisbe de Goiânia, Don Fernando, que havia protegit moltes vegades els religiosos més progressistes de la regió i a qui Casaldàliga anomenava afectuosament «padrí». També hi van assistir altres bisbes del Brasil, com Tomàs Balduino, el de Goiás. En el moment culminant de la cerimònia, quan l'ungien bisbe, va dir a la gent que s'aplegava al seu voltant: «Seré sincer amb vosaltres: després de viure tres anys aquí, caminant per aquests rius i *sertaos*, trobant un peó i molts peons, compartint l'amargura de molts i molts *posseiros*, després d'acudir a les autoritats, després de cridar, després de plorar (i he plorat moltes vegades enterrant peons en aquest cementiri de São Félix, al costat de l'Araguaia), després de tot això sento que avui, la persona més important és aquest peó de disset o divuit anys que hem enterrat aquest matí en el cementiri de l'Araguaia, sense nom i sense fèretre». Va ser una cerimònia espectacular i original, però el sentiment que més recorden les persones que hi van assistir és la preocupació: «Hi havia alguns espies del govern barrejats entre el públic —recorda en Moura—. Durant aquells anys havia començat l'activitat d'una guerrilla rural que preocupava molt el govern, la guerrilla de l'Araguaia. Actuava a set-cents quilòmetres al nord de São Félix, a Conceição do Araguaia, però els militars sempre van creure que la gent de la prelatura hi estava connectada. A més, crec que ja sabien alguna cosa de la carta pastoral i volien saber-ne més».

Al centre comunitari la tia Irene, la monja que ha estat sempre al costat de Casaldàliga tots aquests anys, m'ensenya les fotografies de la celebració. «Estava tan prim...» Encara ara continua estant molt prim, però per les fotos, em sembla que en aquella època havia de pesar la meitat. «Jo tenia molta por —segueix la Tia Irene—. A la celebració van assitir molts *fazendeiros* i gent que no coneixíem, i ell va parlar molt, i molt fort. Per un moment vaig témer que allà mateix s'escapés algun tret.»

Quan Casaldàliga va acceptar el nomenament de bisbe va decidir que aquell seria un bon moment per denunciar novament la situació que es vivia a la regió. Fent seves les paraules del cardenal Marty, que deia que «la primera missió d'un bisbe és ser profeta, i profeta és aquell qui diu la veritat davant de tot el poble», va aprofitar el ressò de la seva consagració per fer soroll: va demanar a Canuto, un sacerdot claretià brasiler que s'incorporava al seu equip, que recollís el màxim d'informació concreta possible sobre els problemes que generava el latifundi a la zona. Canuto va recórrer els pobles recopilant noms i xifres. «Jo intuïa —recorda Canuto, que ara s'ha casat i viu a Goiania— que aquell document era una bomba. Estàvem en plena dictadura militar i la maquinària propagandística del règim presentava els terratinents com uns autèntics herois que estaven desenvolupant l'Amazònia. Era la primera vegada que algú qüestionava aquesta imatge positiva.» Casaldàliga no va dubtar, i a pesar de les dificultats per obtenir la informació va aconseguir redactar una pastoral-denúncia amb el títol de «Una església de l'Amazònia en conflicte amb el latifundi i la marginació social». Eren cent vint-i-tres pàgines amb una documentació precisa on s'especificaven noms, cognoms i quantitats dels diferents conflictes de terra i altres problemes socials que en aquell moment estaven vigents a la prelatura. Ara el record d'aquelles dificultats el fa somriure amb picardia: «No hi va haver cap editorial que volgués publicar l'informe. Vam haver de fer-ho en dues impremtes clandestines. Una d'elles era una gràfica comunista. Per això el llibre no porta peu d'impremta». Publicar aquella denúncia era buscar les pessigolles al règim militar utilitzant una expressió brasilera que agrada molt a Casaldàliga: «Punxar el jaguar amb vara curta», o «Era la primera vegada que algú s'atrevia a fer una denúncia pública —aclareix Tomàs Balduino, el bisbe de Goiàs—; jo em vaig sorprendre pel seu valor, perquè allò era una declaració de guerra. Vaig pensar que o en Pere no coneixia prou bé el "jaguar", el poder militar, que en aquell temps era absolut i molt fort, o estava disposat a jugar-s'ho tot».

Tot i les dificultats, la carta pastoral estava destinada a tenir molta més repercussió que el primer document que havia publicat denunciant l'esclavitud a la regió. Se'n van editar dos mil exemplars, que van haver de ser distribuïts clandestinament. I malgrat la censura que imposava el règim militar, el document va arribar a tot el país. Es va convertir en la primera veu que s'aixecava amb força contra la política rural del govern a l'Amazònia. «Va servir per aglutinar molta gent —afegeix Balduino—, de l'Església i de fora de l'Església, que estava aïllada per la repressió militar. Ell s'atrevia a dir el que tots sabíem i vivíem. A partir d'aquell moment un grup de bisbes de l'Amazònia vam decidir crear un grup de contacte, de caràcter informal, per reunir-nos de manera discreta i plantejar-nos accions conjuntes. Res no va ser el mateix després d'allò.»

La reacció va ser immediata. El primer document en què es denunciava l'esclavitud estava signat per un sacerdot, però ara era diferent. Les acusacions eren directes i molt més greus, i era un bisbe qui parlava. «Estic totalment segur que si no hagués estat per la meva condició de bisbe —recorda Casaldàliga amb gest sever— m'haurien tallat el coll. Després d'allò, si hagués estat un simple sacerdot m'haurien expulsat o m'haurien matat.» La premsa internacional es va escandalitzar, mentre que la premsa brasilera, tot i censurar la publicació de la carta pastoral, es va veure obligada a opinar sobre el seu contingut. Els diaris es dividien entre els que demanaven una comprovació per esbrinar si era cert tot el que denunciava el document i els que criticaven obertament Casaldàliga considerant-lo, com va fer el diari *O Estado de São Paulo*, el més influent del país, en un editorial, «un demagog fariseu, delirant, indocumentat, home de mala fe i provocador».

La jerarquia eclesiàstica brasilera va aprovar la publicació de la pastoral de denúncia i els sectors més progressistes van elogiar obertament l'actitud del nou bisbe i van mostrar ràpidament la seva solidaritat. A São Félix la publicació del llibre-document va fer augmentar la tensió. Un grup de terratinents van fer intents perquè un metge pròxim i còmplice declarés que Casaldàliga estava boig. La policia federal, amb una actitud intimidatòria, es va dedicar a pressionar el cercle de mestres i religiosos de la prelatura. Amb aquell document, com va dir Tomàs Balduino, Casaldàliga havia declarat la guerra, i la guerra estava a punt de començar.

V

VOCACIÓ DE VOCACIONS

Casaldàliga sordeja. Ell diu que és el premi que li han deixat les vuit malàries a les quals ha sobreviscut. Té el fetge molt debilitat com a conseqüència d'una hepatitis que va agafar a la zona del Río das Mortes i que el va deixar a les portes de la mort. L'han hagut d'operar dues vegades de cataractes i els seus ulls ja no tenen la llum d'anys enrere. Això no obstant, a mesura que passen els dies, al seu costat sento com si la seva fortalesa augmentés. Aquella sensació inicial de fragilitat que em va commoure a l'aeroport es dilueix. El seu gest és ferm i els seus setanta anys cada vegada me'n semblen menys. «Crec —diu mig seriós i mig de broma— que fins a la vida eterna ja hi arribo. Un cop allà ja ens canviaran els ulls i ens en donaran uns altres de més grans, com diu Maragall en el Cant Espiritual.» Fa un silenci, llarg i espès, i afegeix: «Em sembla que la vellesa és una mena de sagrament. Tot i que es perd l'oïda hi sents més, perquè escoltes la vida, no pas els sorolls... I compares, saps relativitzar més, ets més a prop de l'últim pas... A la llum de la mort, la vida adquireix un pes específic..., més definitiu».

Una de les seves veïnes, Jacy, una mulata d'uns catorze anys, em sorprèn a la porta de la casa de Casaldàliga regirant papers i mirant fotografies antigues. Es diverteix molt veient la fila que feia el seu bisbe fa més de vint anys. Riu descaradament i em diu, després d'aclarir que ella és molt amiga de «Dom Pedro», com tothom l'anomena a São Félix, que ara és molt més guapo que abans: «O nosso bispo é un gatão». És una definició no gaire episcopal però que indica perfectament la proximitat i la confiança de molta gent que l'envolta. És un sentiment que s'ha guanyat a pols i que ha hagut de construir destruint les campanyes que s'han organitzat en contra seva. Durant els seus primers anys a la prelatura, la reacció del govern militar i dels terratinents davant les seves denúncies era acusar-lo de guerriller i comunista. Aquestes campanyes difamatòries van augmentar com a conseqüència de la publicació de la carta pastoral. Recordar tot allò, com tants altres records d'aquell temps, provoca el somriure de Casaldàliga, una emoció que s'accentua quan ho compara amb els seus orígens més pregons: «Durant la guerra espanyola la meva família era perseguida i ens volien matar els comunistes. Ara, aquí al Brasil, ens volen matar perquè ens consideren comunistes».

Casaldàliga va néixer a Balsareny el 16 de febrer de l'any 1928. Era el fill de cal lleter. Del seu pare, en conserva una imatge nítida: «era un home sobri, silenciós, meditatiu i molt sensible. Li agradava molt el cinema, munyia les vaques al matí i a la tarda i de vegades s'escapava per poder anar a veure alguna pel·lícula». La seva mare era l'altra cara de la moneda: xerraire, manefla, tensa i molt influïda per la tradició d'una família de tractants de bestiar. Potser per aquesta doble herència, que s'ha imprès en el caràcter de Casaldàliga, Joan Gomis va dir en una ocasió que el considera força català perquè té simultàniament el seny i la rauxa.

Un dels primers records de la seva infantesa és de quan tenia dos anys: «Em diuen que aquest record és de quan tenia dos anys. Jo no ho sé. Conservo només tres imatges clares i concises. En primer lloc recordo que estava jugant a la sorra amb una nena veïna que tenia si fa no fa la meva mateixa edat. La segona imatge és la d'una mà gran, una mà adulta que m'agafa i m'acompanya. Finalment, la imatge d'un llençol de color rosa que cobria una nena, que era aquella nena de dos anys amb la qual jugava... En el meu primer record d'infantesa ja hi és present la mort».

Només tenia dos anys i tanmateix la visió del cadàver de la seva veïneta encara està gravada en la seva memòria. Aquella situació, incomprensible per a un nen, era com una premonició dels anys que havien de venir. A Espanya es vivia un temps de revolució i d'enfrontament. «A casa érem pagesos i catòlics —afegeix Casaldàliga—, i això a la Catalunya d'aquella època volia dir que érem de dretes. A casa es parlava del Gil Robles i de la Ceda.» Els Casaldàliga eren gent d'ordre i de tradició però no eren rics: «Una de les frases que més repetia el meu pare a casa, i que em sembla que encara l'escolto ara és: nosaltres som pobres. No vam arribar a passar mai gana, però a casa no sobrava res. Més aviat a casa es respirava un cert menyspreu envers els rics, els diners mal guanyats, els diners mal gastats, l'exhibició. Ja de nen el luxe em semblava una ofensa».

L'època de la República i posteriorment l'esclat de la Guerra Civil va agafar els Casaldàliga en plena zona roja marcada per un ambient força anticlerical. «Els capellans i les monges eren perseguits. Tots vivíem permanentment en un clima de persecució. Les persianes de casa sempre abaixades, havíem de parlar en veu baixa. L'escola del poble, que era mixta i atea, la portava una mestra socialista que ma mare sempre anomenava despectivament la truja.» Algunes famílies de dretes van decidir retirar els seus fills de l'escola i Casaldàliga va passar aquells anys assistint a classes particulars que es feien mig d'amagat impartides per dones voluntàries que feien de mestres i combinaven la lectura i les matemàtiques amb la catequesi. Vivien en un ambient de plena clandestinitat. Les misses, en les quals moltes vegades ell feia d'escolà, s'havien de celebrar en masies allunyades del poble, es confessava en els estables i, segons diuen, en algunes zones de la comarca d'Osona es van arribar a fer fins i tot processons de Corpus clandestines. «Vam haver d'acostumar-nos al secret, érem molt joves però vam aprendre a callar quan venien els milicians preguntant per l'amagatall d'un capellà o d'unes monges... —Casaldàliga mira a terra com intentant recuperar un bri d'aquella infància perduda—. Nosaltres no vam tenir adolescència.» Paral·lelament a aquestes experiències amargues, Casaldàliga també conserva el bon record de les escapades a Candàliga i a Cortés del Pi, dues masies on hi tenia parents i on l'enviaven per escapar de l'ambient carregat de Balsareny i per poder menjar una mica millor, ja que en aquell temps la gent del camp vivia amb menys restriccions. «Allà em vaig apassionar definitivament per la naturalesa —va escriure Casaldàliga sobre aquestes estades, i sobre els dies que, com no anaven a l'escola, es perdien pels camps dels voltants de Balsareny—. D'aquells dies al camp porto gravada la imatge d'un arbre que amb la colla vam cremar accidentalment mentre jugàvem, com qui carrega el remordiment d'un homicidi.» Aquell arbre en flames que encara crema en la seva memòria és, novament, una imatge quasi *premonitòria*. Una de les impressions més terribles que li ha fet el Mato Grosso és la imatge de les *queimadas* destruint la selva.

Però la primera de les seves *premonicions* i la més clara va ser la mort i no va trigar gaire a començar-se a complir. Amb poc temps de diferència van matar dues persones molt pròximes, el rector de Navàs, amic de la família, i el seu oncle Lluís, un sacerdot jove, tot un motiu d'orgull per a la seva àvia Francesca, que va haver de patir la persecució anticlerical de l'època republicana. El van matar quan intentava amagar-se en un mas amb dos companys religiosos: estaven a punt de salvar-se però van ser descoberts per un carboner que els va denunciar als milicians. «Jo sóc fill de sang màrtir —diu Casaldàliga amb una vehemència que en aquest moment encara em resulta molt difícil de comprendre—. No vaig anar al lloc on van matar el meu oncle perquè no podíem, però la meva mare em va portar a veure el carrer on havien assassinat el vicari de Navàs i recordo perfectament la visió impactant de la sang sobre la cera.» Aleshores només tenia set anys.

La guerra, per fi, es va acabar, però el vessament de sang, la sang de milers de republicans, tardaria molts anys a aturar-se. Els Casaldàliga vivien aliens a aquesta altra barbàrie; per a ells la victòria dels nacionals havia suposat la fi de la clandestinitat i de la persecució. En un dels seus escrits sobre aquest moment, Casaldàliga reconeix que va rebre els nacionals amb una «eufòrica actitud de revenja pels tres anys de silenci opressor». Però a pesar de la seva joventut la «pau» dels nacionals no l'acabava de convèncer. Li havien dit que els «rojos» eren dolents, però aviat va descobrir que els nacionals distaven molt de ser «íntegrament bons». Els nacionals eren l'exèrcit ple de «creguts castellans —com ell els anomenava en un escrit— i de «moros», que es van caracteritzar per tenir actituds directament immorals davant els ulls infantils de Casaldàliga. Aquella gent i la gent que va venir després va decebre les esperances que havia posat en la victòria franquista: «Jo ja era una mica contra tot allò. A casa m'havien comprat l'uniforme falangista: camisa blava, corretjam negre i boina vermella. Però no me'l posava perquè jo volia ser requetè. Semblava, pels comentaris dels grans, que els requetès eren de l'oposició. Recordo molt les cançons d'aquella època, el

Cara al Sol i l'himne de la legió, i t'he de confessar que jo, que sempre estic cantussejant, encara, de tant en tant, els canto alguna vegada». Dit això, tots dos esclatem en una sonora riallada. Francament, resulta còmic imaginar Casaldàliga, ara, cantant el *Cara al Sol* enmig del Mato Grosso.

Amb la fi de la guerra la família de Casaldàliga va poder portar a Balsareny les restes de l'oncle Lluís perquè fossin enterrades al cementiri del poble. Va ser una cerimònia solemne i emotiva. Abans d'enterrar-lo la mare va agafar en Pere, que tenia poc més de deu anys, i li va embolicar al coll una bosseta de color verd amb una dent de l'oncle com a relíquia. A més del que pesava la dent, la consciència infantil de Casaldàliga era colpejada per la insistència de la seva àvia Francesca, que li demanava que es fes sacerdot. «Les seves mans eren de seda —evoca Casaldàliga—, sempre estaven calentes i les recordo sempre agafant un rosari.» Davant tanta insistència, amb tan sols onze anys va fer saber als seus pares que volia ser capellà. En un escrit posterior diu literalment: «em sembla que vaig decidir jo». Importava poc. Era una decisió que encaixava perfectament en el si d'aquella família, en què fins i tot el seu pare havia estudiat dos anys al seminari. Amb la perspectiva del temps, Casaldàliga recupera la frase de Zubiri per afirmar que: «L'ésser humà no té vocació. És vocació». Un cop els seus pares van acceptar que fos capellà, va estudiar un any de llatí amb el vicari de Balsareny i a l'estiu següent va ingressar en el seminari de la Gleva a Vic. Era temps de postguerra, de fam i de privacions. Ser seminarista en aquell temps i amb aquella edat era tota una prova. Les cartes que enviava a la família són reveladores. A Balsareny, els germans de Casaldàliga conserven en uns sobres vells, classificats per anys i per mesos, aquelles missives que el jove seminarista enviava des de la Gleva. «Enviadme pan» era la frase que més repetien aquelles cartes. El principal record d'aquella època que conserven el Josep, la Carme i la Maria, els tres germans de Casaldàliga, és la fam que passava el seu germà al seminari. Els tres viuen encara a la casa familiar, l'antiga lleteria de Balsareny. Fa temps que van abandonar el negoci i l'estable de les vaques s'ha convertit ara en un confortable menjador on la família es va reunir abans del meu viatge al Brasil per repassar amb mi la història del parent que un dia va marxar a Amèrica de missions i que mai més no ha tornat per veure totes les reformes i millores que s'han fet en aquella casa. La relació amb la família sempre ha estat epistolar. La distància ha fet de les cartes el principal, i durant molts anys l'únic, vincle de contacte familiar. Però aquest contacte sempre ha estat així, fins i tot durant els anys anteriors a la seva marxa com a missioner al Brasil. Des del dia que Casaldàliga va decidir fer-se capellà i entrar al seminari, el temps que ha passat a Balsareny, a casa, ha estat mínim. Potser per això per a la seva família les cartes d'en Pere són tan importants que les conserven amb autèntica veneració: representen el germà, l'oncle i l'amic d'Amèrica que un dia va marxar de casa quan tenia onze anys.

«Apreciados padres y hermanos en Jesús —deia en una carta des del seminari de Vic escrita quan tenia poc més d'onze anys—. El motivo de la presente es para deciros que estoy bien y estudiando mucho. También os digo que me envieis comida para merendar. (...) Tengo que deciros que aquí a la Plana de Vich a nevado mucho y debido a esto el Miquel de San Boi aun no me ha podido enviar el pan porque los coches no pueden transitar pero supongo que pronto me lo enviará. (...) Tambien os digo que aquí esta nevado y hace mucho frio y por eso os digo que cuando me envieis el roquet me envieis tambien unas solas de piel de cordero para ponerlas a los pies.»

El vendrell
dimecres 6/6/00

Li comento que totes les cartes d'aquella època estan escrites en castellà: «No escrivia en català perquè no en sabia. A més, el català estava prohibit al seminari —recorda Casaldàliga—. Vaig haver de renunciar oficialment al català, com després hauria de renunciar al castellà per lliurar-me al portuguès».

Quan es va acostumar al fred i a la gana que passava al seminari va començar a descobrir la que seria una de les passions més grans de la seva vida. A través de les cançons de Verdaguer i d'uns versets en defensa de Manresa que va compondre per abaixar els fums d'un grup —«arrogant», com ell el qualificava— de seminaristes igualadins, va començar a descobrir la poesia. L'impacte va ser considerable i durant les primeres vacances que va fer a casa va comunicar una nova decisió taxativa sobre el seu propi futur: «Seré poeta». Una altra tossuda determinació infantil que s'ha complert. Casaldàliga ha escrit centenars de poemes i ha publicat molts llibres de poesia. Li encanta parlar de poesia. Se li eixampla el pit quan parla de Machado —«em sembla un ideal de poesia directe, sentit, fonamental»—, d'Espriu i de Maragall, a qui admira profundament i per això en té penjat el *Cant espiritual* a la capçalera del seu llit. El to de veu canvia quan comença a parlar de la seva pròpia poesia: «La meva vocació natural és ser poeta. Jo dic que tots som poetes, però el poeta té la sort de poder-ho dir. El que tots sentim el poeta ho diu. És la meva vocació. Jo no he estat un bon poeta —i ho dic amb tota la sinceritat i no peco de vanitat— perquè no m'hi he dedicat. I encara que el poeta neix, s'hi ha de dedicar. Jo respiro poesies, estossego poesies, però no em dedico a fer-ne. Això no vol dir que quan n'escric alguna no la corregeixi, més o menys, però no m'hi dedico. Quan era al seminari va arribar un moment en què em vaig plantejar el dubte espiritual d'haver de renunciar a la poesia... Per sort la vaig recuperar i m'ha ajudat molt en aquest Mato Grosso per cridar, per cantar, per riure, per plorar... per maleir i per resar. La veritat és que no em penedeixo d'haver renunciat a la dedicació total a la poesia. És una més de les meves renúncies per la meva vocació missionera». Per deixar-ho més clar, Casaldàliga fa el cap una mica enrere, acluca els ulls i recita un dels últims poemes en què canta les seves renúncies. Al pati el vent fa tremolar les fulles dels bananers i els llangardaixos corren amunt i avall mentre una banda de música d'afeccionats que assaja en una casa veïna insisteix des de fa una estona amb la mateixa melodia. La poesia fa:

No habré hecho el amor, no habré tenido
la gloria humana de engendrar. Mi nombre
no dará nombre a nadie; no habré sido
en la acepción cabal del mundo un hombre.

De soledad en soledad en soledad migrando
sin más hogar que el viento y el servicio
Tu hoy voraz habrá sido mi cuando
mi navegante paz Tu precipicio

¿Te habré amado a Ti Amor, amado
haciendo el buen amor de otros mil modos
buscándote en la noche y el pecado
sintiéndote en el grito y en la herida
reconociéndote amable en todos
dándote nombre en mi pequeña vida?

«Clar —afegeix ràpidament—, jo he renunciat a l'amor i he renunciat a la família. I també a la poesia ara; això no vol dir que no estimi, ni que no vibri poèticament i que no faci, fins i tot, poesia. A més, qualsevol sermó, si ets poeta, el fas amb una mica de poesia.»

L'humor. El bon humor impregna sempre cada una de les seves paraules i gairebé m'atreviria a dir que cada pas que ha fet en la vida. Un sentit de l'humor, en certa manera molt català i marcat per una època en què la tragèdia havia afectat tota una generació. Un humor blanc, però amb unes gotes d'amable causticitat. Per això el rostre de Casaldàliga sempre porta dibuixada una rialla. Sobretot quan la conversa l'obliga a recuperar el passat més antic o les seves vivències més «heroiques» —és una paraula que ell mateix utilitza alguna vegada però sempre entre cometes—. Per a tot això el seminari va ser una bona escola: «Jugàvem a màrtirs —recorda divertit—, un grup reduït jugàvem a missioners que eren perseguits i martiritzats pels indis. Era la versió que teníem del joc de lladres i civils dels pobles». Segons la família, els seus companys explicaven que Casaldàliga era l'instigador d'aquest joc i que sempre volia representar el paper del missioner i màrtir. Aquells jocs van despertar una nova vocació. Volia ser missioner. Quan ho va comunicar a la família hi va haver alguns dubtes perquè encara era un nen de poc més de dotze anys, però la seva decisió era ferma i a casa ja el coneixien per la seva tossuderia: «L'oncle Jaumet —recorda—, el tractant de bestiar, que coneixia bé els animals i les persones, va dir quan vaig voler fer-me missioner: Deixeu-lo. El Pere quan té una dèria la fa. Em coneixia bé». Una de les persones que més van influir en aquesta vocació va ser el pare Bertrans, un sacerdot que custodiava les relíquies de sant Antoni Maria Claret, a qui havia acompanyat durant la guerra fent d'escolà per les masies de la comarca. El pare Bertrans simulava ser un comerciant de teixits i anava disfressat amb un gran bigoti per ocultar la seva condició de capellà i més d'una vegada s'havia escapat miraculosament dels trets dels milicians. «Jo el vaig ajudar molts cops a missa —recorda Casaldàliga—; aquell clima de catacumbes i el testimoni del pare Bertrans van definir, sens dubte, la meva posterior vocació claretiana.»

Per ser missioner va marxar de Vic i a l'estiu de l'any 1941 va entrar al seminari claretià de Cervera. A partir d'aquí va seguir una carrera que el va portar a Barbastro, altre cop a Vic i finalment a Solsona i Valls, on va finalitzar els seus estudis.

Durant aquests anys el rigor que imposava l'estudi de la teologia no li va impedir descobrir altres aliments per a l'intel·lecte i l'esperit: «M'ha agradat sempre estudiar teologia i també llegir llibres bons; no els bons sinó els millors —reconeix de manera desenfadada—. I tinc les meves preferències i hi ha certs llibres que ja ni els llegeixo. Algú em dirà que amb això et prives d'escoltar opinions diferents. Hi ha certes opinions que ja les sé i sé que no encaixen, i jo he fet la meva opció... A mi m'hauria agradat molt dedicar-me a la filosofia: recordo que al seminari vaig fer una tesi sobre Heidegger i l'existencialisme, i el que era el meu formador de l'època es va preocupar una mica, perquè això d'estudiar l'existencialisme de Heidegger i Unamuno, aquest tipus d'existencialisme més humà que m'interessava aleshores, i també el de Marcel, que era un existencialisme ja més cristià, podia ser perillós. Recordo que aquell formador, un sant home, intel·ligent, conservador, el pare Josep Soler, em va cridar un dia i em va dir: mira, Pere, tu estàs ficat en aquests llibres, aquests estudis, aquestes opinions i hauries de recordar que Balmes quan estudiava llibres d'heresiarques tenia a la vora sempre un llibre de Kempis que es deia *La imitació del Crist* per no perdre la fe...» Casaldàliga somriu pensant en aquell consell ben intencionat. «He de dir —afegeix— que aquelles lectures, aquells estudis, tot i que jo era molt jove, m'obriren un cert món. Textos del mateix Nietzsche, traduïts per Maragall... Al capdavall són caps i cors humans, de vegades una mica esbojarrats... Com deia Chesterton, amb el seu sentit de l'humor, els errors són veritats borratxes. Hi ha un fons de veritat, fins i tot en el somni de Nietzsche del superhome. I això és el que m'interessava en aquells anys de seminari.»

A més de descobrir la filosofia, el seminari va servir perquè confirmés una altra de les seves vocacions frustrades. Casaldàliga ha dit moltes vegades que si no hagués estat sacerdot potser hauria estat periodista. Va descobrir el gust per escriure i també el gust per publicar, encara que només fossin documents interns per al consum dels companys d'estudi. «Vaig començar a redactar guions —va escriure sobre aquesta època de la seva vida— i vaig començar a somiar, de debò, apostòlicament, amb la premsa, la ràdio i el cinema. Més d'una vegada vaig repetir als companys, en aquelles confidències vocacionals que punxen i encenen tantes hores de seminari, el meu propòsit indeclinable d'escriure.» Anys més tard, quan va estar a Madrid, va poder tastar l'experiència de primera mà quan va dirigir, durant una etapa curta, la revista *Iris*. «En Teófilo, company d'aquesta etapa, sempre em deia que jo era el Pere Paraula.» La voluntat d'escriure i publicar ha estat un dels fets diferencials que ha marcat tota la seva vida: «Jo sempre dic que hi ha moltes prelatures aquí al Brasil que han viscut situacions molt més dures que no pas la nostra, però no han escrit. Nosaltres, des de São Félix, som coneguts arreu perquè hem tingut la preocupació de publicar tot el que anàvem vivint. És, com deia Jesús, una manera de cridar des de les teulades».

VI

EL PETIT VIETNAM

Casaldàliga em proposa d'anar a la presó. És un dissabte a quarts de vuit del matí i hi ha d'anar per celebrar una missa. São Félix es cap de districte judicial i a la presó de la ciutat compleixen la pena els condemnats de tota la regió. És un edifici sòrdid, però s'hi respira un cert ordre. Dos guàrdies vigilen la porta. Un d'ells és baixet i borni, sembla simpàtic. L'altre és un negre alt i fort, de panxa voluminosa, porta una cadena d'or al coll i una samarreta sense mànigues amb un estampat cridaner i una proclama pacifista escrita en anglès. L'únic distintiu que els identifica com a policies és la gorra. Casaldàliga els saluda afablement i ells li contesten desmenjats però circumspectes. Es creuen quatre frases. Els policies, amb el cap girat cap a la porta d'entrada, l'escolten sense mirar-lo pràcticament mai a la cara. Casaldàliga pregunta pel menjar dels presos. Visita un cop al mes la presó i l'última vegada va recollir moltes queixes sobre la qualitat i l'escassetat del menjar. Els policies li diuen que tot segueix igual. «Doncs em sembla que farem una protesta oficial —els contesta—; això no pot ser.» Els policies fan que sí amb el cap i tot seguit, abans de fer-lo passar li adverteixen que avui a la missa només assistirà la meitat dels interns. L'altra meitat està castigada perquè va intentar fugar-se: algú va passar d'amagat una serra i si no arriba a ser per la delació d'un confident ho haurien aconseguit, perquè ja havien serrat alguns barrots.

La missa es fa al pati de la presó. Hi assistiran dinou homes i dues dones. Elles, encara amb els cabells mullats de la dutxa, esperen l'arribada del bisbe per poder sortir de la cel·la i anar al pati. Molts dels homes, menys preparats encara, estan estirats mig èndormiscats a les cel·les, i Casaldàliga els desperta i els convida a aixecar-se per anar a la missa. Alguns s'acosten i l'abracen, altres comencen a fregar-se els ulls i s'asseuen al llit. «Cada vegada que vaig a la presó —em diu—, encara que sigui aquesta presoneta petita nostra, i com més tracto els presos, com més va més sento que no hi ha gent dolenta, dolenta... Jo dic moltes vegades, Déu és bo i nosaltres també ho som. Som raça de Déu, de manera que hem de ser més o menys bons, tot i que fem moltes bestieses tenim un rerefons de bondat. Recordo que un dia jo els elogiava a la missa de la presó el fet que ells es tracten amb bastanta germanor, s'ajuden i si n'hi ha un de més vell el tracten com un avi. Jo els en feia l'elogi i ells em van contestar: escolta, nosaltres no som *bandidos*. Han fet crims, han matat, però no són *bandidos*. Són gent humana que un dia va fer una bestiesa. No estic negant que a la humanitat hi hagi violència, cobdícia, egoisme... No nego el dogma de l'infern, però penso que Déu salvarà tot el món.»

Els presoners comencen a aplegar-se al pati. Són un grup de gent jove, amb només tres o quatre persones de més de quaranta anys. Els seus rostres durs i marcats i els seus cossos de pell fosca, plens de cicatrius i tatuatges, són un exemple viu del mestissatge d'aquesta terra. Quan, amb precaució, els miro als ulls no em semblen una gent perillosa, no semblen molt diferents de la resta de gent que et pots trobar pel carrer a São Félix...

Abans de celebrar la missa Casaldàliga conversa amb els presos. El pati on es troben és un espai reduït i enclotat tancat per quatre parets de ciment que vigilen dos policies armats en una garita. En les converses els presos demanen medicines, es queixen del tracte i del menjar i li preguen que intercedeixi per ells davant el nou jutge que acaba d'arribar a São Félix. Ell escolta amb interès les històries que cada un d'aquells homes li explica. Són relats de vides trencades per un mal dia que van tenir: una borratxera mal agafada, un home o una dona dolenta, una idea que mai els hauria d'haver passat pel cap... La pràctica totalitat dels condemnats són aquí per assassinat i les penes que tenen pendents són llargues. Hauran de passar molt temps entre aquestes reixes. Entre aquest grup, el pres d'aspecte més dur és un jove alt amb una arracada i un tatuatge espectacular al braç amb el nom d'una dona: Aldinéia. És un dels que es mostren menys interessats per la visita del bisbe. De sobte, Casaldàliga es gira cap a ell, l'agafa pel braç i li diu: «Escolta, m'han dit que ha arribat un jutge nou a la ciutat que diu que començarà a deixar-vos sortir de la presó i que pensa començar pels més *malandros*, pels més dolents. Em sembla que tu seràs el segon o el tercer de la llista». «No, dom Pedro— contesta ell enmig de rialles—, jo seré l'últim a sortir perquè no sóc *malandro*.» Per uns moments aquell espai em recorda més el pati d'una escola que no pas una presó.

La missa que celebra Casaldàliga és senzilla i sentida. Els presos la segueixen amb interés desigual però sempre amb respecte i silenci. Al començament tots estan repenjats a les parets, lluny del pupitre amb què s'ha improvisat l'altar. Casaldàliga els crida i els demana que s'acostin. S'incorporen, s'estrenyen i fan una rotllana al seu voltant; tots menys el noi de l'arracada i un altre jove, que s'asseuen contra el mur i comparteixen un cigarret. La missa acaba d'una manera original: «Bé, no us puc dir que us n'aneu en pau perquè no podeu sortir d'aquí— el bon humor de Casaldàliga surt en qualsevol moment, i els presos somriuen—, però sí que us dic que podeu quedar en pau».

Quan marxem de la presó Casaldàliga em diu que vol parlar amb el jutge. «Aquell pobre home— es refereix a l'últim pres amb qui ha parlat, un home de més de cinquanta anys que diuen que va ferir un home en una baralla— estava borratxo, diu que no se'n recorda de res i que li diuen que va discutir amb algú i que el va ferir, però no sap qui ni per què...Va ser un accident, segur...»

Em sorprèn la flexibilitat que mostra davant aquesta gent de la presó, una actitud que no comparteix quan es tracta dels enemics de sempre. Li pregunto per què fa misses a la presó i no en fa a les hisendes. «Algunes coses han canviat aquí i ja he celebrat alguna missa en una hisenda —em contesta—. Ho he fet poc, però últimament, si els propietaris són bona gent i no exploten els peons, hi he anat. Ara bé, hi ha moltes hisendes a les quals no penso anar de cap manera.» Em pregunto si el que pensa de la gent de la presó, que no és gent dolenta, també ho aplica en el cas dels terratinents. «Jo no he odiat mai ningú. He tingut molta ràbia però odi no. Em penso que no he negat mai... pràcticament... només vaig negar la mà a un gerent d'hisenda, el gerent de la Piraguaçu.» La Piraguaçu és un dels latifundis més importants de la regió i també un dels més cruels, tant que es va guanyar l'excomunió. Casaldàliga potser no haurà odiat, però ha maleït: «He maleït una estructura d'acumulació, de capitalització, d'exclusió i de dominació. He arribat, fins i tot, a l'extrem d'excomunicar dues hisendes. La Piraguaçu i la Frenova, perquè tenien pistolers que mataven els peons, els tallaven les orelles i les portaven a la hisenda per demostrar-ne la mort. Una vegada vaig enterrar un d'aquests peons assassinats, vaig agafar un grapat de terra del seu sepulcre, la vaig posar sobre l'altar i vaig excomunicar aquestes hisendes. Però va ser un acte contra les hisendes, no contra les persones».

Deixant de banda les primeres topades amb el latifundi que va tenir Casaldàliga durant els primers anys a la prelatura, el primer conflicte seriós, el primer enfrontament violent, va ser amb la empresa Codeara i es va produir pocs mesos després que el consagressin bisbe.

Era el mes de febrer de l'any 72, les denúncies que apareixien en la carta pastoral publicada el dia de la consagració de bisbe havien aconseguit sensibilitzar i unir molta gent, però no havien obtingut gaires resultats davant el govern de la dictadura militar. Tot seguia igual i en alguns llocs la situació fins i tot havia empitjorat. Santa Terezinha, un petit poble situat al nord de la prelatura, vivia una situació límit. Era el territori de la Codeara, la Companyia per al Desenvolupament de l'Araguaia. Una empresa propietat del Banc de Crèdit Nacional que va comprar quatre-centes mil hectàrees de terreny aprofitant les enormes facilitats que li donava el govern militar. Segons les escriptures, el latifundi era propietari de la major part de la terra dels *posseiros* i d'una gran part de la terra indígena. Fins i tot el terreny on s'aixecava el poble de Santa Terezinha era propietat de la Codeara. «Li dèiem la Condenada —recorda Casaldàliga— perquè era autènticament un niu d'esclavatge blanc. Fins i tot ho va reconèixer el batxiller Francisco de Barros Lima, que era el director del servei d'investigacions de la policia a la regió Centre-Oest. Ell mateix va haver d'admetre que la situació que vivien molts peons que treballaven a la Codeara era, a part de l'esclavatge negre, el major esclavatge blanc de tota la història del Brasil.»

El conflicte s'arrossegava des de l'any 67, que va ser quan

la companyia va començar a aixecar tanques i a construir garites amb gent armada per protegir el que consideraven que era seu. La Codeara era l'autèntic poder a Santa Terezinha i pretenia fer i desfer sobre la vida de la tota població. A la zona , en aquella època, vivia un grup de *posseiros* de més de cinc-centes persones i la comunitat indígena dels tapirapè. Per completar el paisatge també hi havia gent de la prelatura. L'Església sempre estava pel mig. Hi havia un sacerdot i unes monges. Elles treballaven amb els indis tapirapè i ell, el pare Jentel, es feia càrrec de la parròquia. Jentel era un sacerdot francès que havia arribat a la regió abans que Casaldàliga. A Santa Terezinha s'havia instal·lat feia anys una minúscula missió contemplativa de les germanetes de Foucauld, i Jentel hi havia arribat seguint les seves petjades. En aquells moments, abans de la creació de la missió de São Félix i de la consagració del nou bisbe, Santa Terezinha pertanyia a la prelatura de Conceição do Araguaia. Casaldàliga recorda Jentel com un home d'una personalitat molt forta: «Era un activista. Pràctic. Un bon mecànic. Generós. Volia entrar a la fraternitat contemplativa dels germanets de Foucauld i va anar al nord d'Àfrica. Els d'aquella comunitat li van dir: no, tu no tens vocació de contemplatiu quiet, tu tens vocació de missioner. I quan va saber que hi havia unes germanetes de Foucauld al Tapirapè, va decidir venir perquè tinguessin un capellà que les assistís. Va començar a treballar en principi amb els indis però de seguida va descobrir els problemes dels *posseiros* i s'hi va implicar. Va ser el primer que va fer una escola a la regió, va aconseguir la primera màquina de netejar arròs, va muntar la primera cooperativa, el primer tractor...». Els primers anys a la regió els va passar pràcticament sol i aïllat. L'arribada de Casaldàliga i la consolidació d'un equip ampli de sacerdots i seglars que treballaven en la mateixa línia de compromís que tenia Jentel va facilitar la seva integració en l'equip de la prelatura. Això no obstant, els qui van viure aquells anys recorden que, així com el sacerdot d'origen francès era molt obert en temes socials, tenia una formació teològica i pastoral molt conservadora. «Era molt més un home pràctic que un pensador tranquil, tot i que era molt intel·ligent i viu, expert.» Jentel va protagonitzar un episodi pintoresc en la primera reunió que va celebrar tot l'equip de la prelatura per redactar el document que recollia els objectius de l'església de São Félix: com alguns d'aquests punts li semblaven massa exagerats i radicals, una mica de broma i una mica de debò, va esquinçar el document. «Teològicament i pastoralment no era un home d'idees avançades— recorda Casaldàliga—, però era molt generós, intuïtiu i pràctic. Es jugava la vida i no tenia por de res, ni de la naturalesa ni dels humans. S'embarcava en aquestes *voadeires* pel riu Araguaia i ja et podies encomanar a tots els sants i fer testament quan anaves amb ell. Una vegada se li va estavellar la *voadeira* i va anar al fons del riu... La policia del règim militar el tenia fitxat i li va posar el nom de "pare metralleta", perquè es pensaven que fins i tot amagava armes...»

En aquell mes de febrer de l'any 72 la Codeara tenia, a més dels seus pistolers *jagunços*, la protecció de la policia —la proximitat del banc amb el govern era una garantia de fidelitat de les forces de l'Estat—. Amb la tranquil·litat que dóna tenir les espatlles cobertes la companyia va cremar un carrer sencer de cases de *posseiros* perquè aquests les havien construït en un carrer de Santa Terezinha sense demanarlos permís. A pesar d'aquest precedent, Jentel va decidir que no havia de demanar permís per aixecar un ambulatori al costat de l'església del poble. Era una construcció modesta que serviria per atendre els camperols i pal·liar mínimament les nombroses mancances de salut que tenia la població. La resposta de la Codeara no es va fer esperar, i quan l'edifici estava gairebé construït un tractor de la companyia el va destruir sota la mirada complaent de la policia. Casaldàliga recorda en un escrit de l'època la reacció que li va produir la notícia: «El pare Jentel m'ha vingut a trobar per comunicar-me aquesta nova malesa i per demanar la meva opinió. Jo m'he negat en rodó a intentar fer recursos infructífers davant les autoritats. Ja hem enviat una reclamació al jutge de dret de la comarca i amb això —encara que sigui inútil— ja n'hi ha prou. El pare Jentel, sempre legalista, s'ha enutjat. Jo el deixava optar, però la meva decisió era irrevocable. Finalment s'ha posat d'acord amb mi i ha tornat a Santa Terezinha per recomençar les obres de l'ambulatori». Casaldàliga no confiava en la justícia brasilera d'aquell temps i va decidir-se per l'acció com l'única manera d'aconseguir alguna cosa.

Jentel va tornar a Santa Terezinha, va reunir els *posseiros* i els va comunicar el que havien decidit. Volia conèixer la seva opinió. La resposta d'aquell grup de camperols va ser unànime. Estaven farts de trepitjades i van dir que no permetrien que la companyia tornés a destruir l'ambulatori. Així ho van comunicar a Jentel i a l'equip de la prelatura: «Podeu començar a construir que nosaltres us protegim».

El dia 3 de març del 1972, quan la construcció de l'ambulatori estava molt avançada, la companyia va tornar a fer una demostració de força. Van arribar a Santa Terezinha dos capitans de la policia i cinc soldats que ràpidament es van posar al servei de la Codeara per protegir els treballadors de la companyia que havien rebut l'ordre de tornar a destruir l'ambulatori. La policia, seguint les indicacions dels gerents de la companyia, va redactar una llista amb els noms dels camperols i de la gent de la prelatura que lideraven la protesta i les accions contra el latifundi. Els policies i els treballadors de la Codeara, quan van arribar al lloc de les obres, anaven fortament armats. El que no podien imaginar és que darrere les fulles d'un bananer pròxim s'amagava un grup d'uns quaranta *posseiros* armats amb destrals, matxets i escopetes velles de caça. El pare Jentel era amb ells. Abans que la gent de la Codeara pogués tocar una pedra de l'ambulatori els *posseiros* van començar a disparar. Van ser quaranta-cinc minuts de tiroteig i confusió. No hi va haver cap *posseiro* ni cap policia que prengués mal, però vuit treballadors de la companyia van resultar ferits. Van ser ferides lleus, perquè les escopetes de caça disparaven perdigons i els trets es feien des de lluny. L'enfrontament va acabar amb la fugida desordenada dels policies i dels treballadors, que van oblidar la llista amb els noms de les persones que pretenien detenir. Entre els camperols el clima era de victòria però també de gran preocupació per les possibles represàlies, ja que era el primer enfrontament organitzat i armat que es produïa a la regió. Els "posseiros" van decidir amagar-se a la selva i el pare Jentel va córrer a São Félix per explicar el que havia passat.

Quan Casaldàliga se'n va assabentar va escriure, gairebé a raig, un dels poemes més radicals que mai ha escrit. La ràbia i la tensió es deixen sentir en els versos de les «Benaurances i malaurances del 3 de març del 1972»:

Maleït sigui el latifundi
—llevat dels ulls de les vaques.

Maleïda la Sudam
la seva amistançada

Maleïda per sempre
la Codeara!

Beneït sigui Déu
i la guerrilla de la Paraula.

Beneïda sigui la terra
per tots treballada.

Beneït sigui el Poble
unit i amb coratge!

Beneït sigui Déu i el seu poble i la Terra,
causa de la meva aïrada esperança!

D'aquest poema que expressa tota la ira i l'esperança que va viure en aquell moment no deixa de commoure'm la indulgència que demostra amb els ulls de les vaques: «És que sóc fill de lleter —somriu Casaldàliga quan ho recorda—. La meva cançó de bressol, a més de les de la mare, que cantava força bé, era el mugit de les vaques. A casa jo tenia el dormitori ben al costat de l'estable... Vull dir que cada nit m'adormia amb l'olor de les vaques... Aquesta olor és per a mi molt millor que el perfum francès».

La notícia del tiroteig de Santa Terezinha es va escampar amb rapidesa i va arribar a la primera plana dels diaris. «El pare metralleta en fereix 11», deien els titulars. La policia va dictar una ordre de recerca i captura contra Jentel i contra més de quaranta *posseiros*. Casaldàliga va decidir que Jentel havia de viatjar a Brasília i, mig d'amagat, intentar donar una altra versió dels fets i explicar l'origen del conflicte. Ell, per la seva part, també hi va anar, per assumir personalment la responsabilitat de tot el que havia passat i trobar-se amb Alfredo Buzaid, el ministre de Justícia: «El divendres vaig tenir un entrevista estripada amb Buzaid —va escriure Casaldàliga en el seu diari—. Davant el seu cinisme embalador, em vaig negar a acceptar el cafè que m'oferia, així com també cap de les seves ofertes ni mediacions mentideres». El Pare Canuto era a São Félix,* per substituir Jentel i donar suport a les famílies dels *posseiros* amagats a la selva.

Visito Canuto, que avui, vint-i-sis anys després, viu amb la dona i la filla de dos anys en una casa modesta d'un barri popular de Goiânia, perquè m'ajudi a reconstruir aquells fets: «Hi vaig anar per tres o quatre dies —recorda Canuto— i vaig acabar passant-hi tretze anys de la meva vida». Quan li demano una valoració d'aquells temps el seu rostre es rejoveneix vint anys i amb un esbufec rodó diu «Molt bons» amb moltes os. «Mentre Casaldàliga feia gestions amb les autoritats —segueix Canuto— jo vaig instal·lar-me a Santa Terezinha. Hi havia més de 60 *posseiros* amagats a la selva, més dels que havien participat en el tiroteig, però molts havien fugit per por a ser-hi implicats. Van estar més de tres mesos amagats. Al principi, quan vaig arribar, alguns desconfiaven de mi. Jo era de la prelatura i, en principi, sabien que la gent de l'Església estava al seu costat però era difícil substituir Jentel. De tota manera, ben aviat em vaig guanyar la seva confiança. Com que era el temps de la collita de l'arròs es va plantejar el problema de què fer amb els camps dels *posseiros*. Aleshores vaig organitzar un *mutirao* de totes les dones i la gent que quedava al poble per anar als camps i collir l'arròs. Hi havia alguns camps que estaven prop de la carretera, però n'hi havia d'altres que estaven més allunyats i que ens permetien poder-nos trobar amb els *posseiros* que estaven amagats a la selva. Casaldàliga també va participar en la collita.»

Al llarg de les converses que mantinc amb Casaldàliga em sembla detectar una certa peresa per recordar algunes de les

* Havia estat enviat a Santa Terezinha.

seves vivències. La memòria sempre discrimina, però en el seu cas la resistència és, sobretot, en aquells passatges de la seva vida que es podrien definir com a més «èpics». «Et serà més fàcil llegir tot el que està escrit —em contesta—, i afegeix: «jo no penso gaire en el passat, tinc poca memòria... *Lo que el viento se llevó*...» Casaldàliga fa una rialla, murri, i, davant la meva insistència, sembla que recuperi per un moment una engruna de l'emoció que va sentir en aquells camps d'arròs barrejat amb els *posseiros* de Santa Terezinha i les seves famílies: «En aquell moment vivia molt directament aquella ira...»

El que Casaldàliga va escriure sobre Santa Terezinha —que ell va batejar amb el nom de «el nostre petit Vietnam»— deixa veure fins a quin punt el va tocar el conflicte d'aquell grup de *posseiros*. En una carta als amics d'Espanya, a pesar de la censura, que en aquell moment li revisava tota la correspondència, diu: «Han nascut quatre fillets de *posseiros* emboscats. Posarem el nom de Victòria a la nena d'un d'ells, una meravella de valentia i de fe... Per carta no puc explicar-me. Voldria dir-vos solament que la xerrameca de la premsa i els llibres i les conferències erudites sobre la "violència" i la "no-violència", sobre el procés de desenvolupament del Tercer Món, sobre les ajudes a l'Amèrica Llatina, sobre l'actitud de l'Església enfront d'aquest o d'aquell, resulta un marmanyeix insultant, estúpid, covard, pagà, cruel. Perdoneu-me. No estic amargat. I, no cal dir-ho, no tinc por. Però no vull tòrcer-me a cap arranjament ni puc acceptar, a consciència, cap statu quo d'aquests que tan frívolament acceptem...pels altres».

La reacció dels *posseiros* va servir perquè Casaldàliga definís la seva postura davant la violència. Els diaris de l'època el criticaven i l'acusaven d'instigador. «Jo estic contra totes les armes —insisteix per aclarir el seu pensament actual al respecte— i si pogués eliminaria totes les fàbriques d'armes. Penso que aquesta hauria de ser una de les actituds fonamentals de les esglèsies i de les religions: atacar de front la fabricació d'armes. Estic també contra tota violència, però no demanaré mai a un *posseiro* o a una família de *posseiros* perseguida i amenaçada per uns pistolers que no es defensi. No els diré mai, deixa que et matin a tu i a la teva família... Fins i tot la moral més tradicional ha respectat sempre el dret a la justa defensa. Jo admiro molt la figura de Gandhi i el seu pensament, però en aquell temps nosaltres no sentíem que l'expressió no-violència fos un sinònim de passivitat.»

El que havien fet els *posseiros* de Santa Terezinha no podia quedar impune. Ni les autoritats ni la Codeara estaven disposades a cedir, a pesar de les gestions que es feien des de l'Església per explicar els orígens del conflicte i les raons que havien empès els *posseiros* a actuar de la manera que ho havien fet. Casaldàliga estava encès. La passió revolucionària d'aquell moment va passar als versos del poema que va escriure mentre estava amb els "posseiros" perseguits. «La cançó de la garba i la falç», llegida ara, crida l'atenció per l'absència de subtilesa. Però en aquell moment Casaldàliga ni podia, ni potser tampoc volia, dissimular el que sentia.

Amb un cal per anell,
Monsenyor tallava arròs,
Monsenyor «Falç i Martell»?

Em diran de «subversiu»,
jo respondré, incisiu:
ho sóc. Pel meu poble que lluita,
pel meu poble que cuita
camins de sofriment.
Jo tinc fe de guerriller

i amor de revolució.
I entre Evangeli i cançó
peno, i dic el que sé.
Si escandalitzo, primer
jo m'he abrusat de Passió
en la Creu del meu Senyor!

Els versos demostren la radicalitat i l'entrega que sentia en aquells moments. Feia més de quatre anys que era al Brasil i el vincle amb el país i la gent ja era definitiu: «Aquests dies em sento més lliure— escrivia en el seu diari— pel fet d'haver refermat la meva decisió de no tornar a Espanya. No per això deixaré de sentir ni oblidaré. Però em trobo com aquell que ha trencat una amarra. Aquesta és la meva terra a la Terra. Aquest és el meu poble. Per ell, amb ell, caminaré cap a la Pàtria».

Casaldàliga no volia marxar del país en un moment tan conflictiu. El règim buscava els culpables dels fets de Santa Terezinha. Com que resultava molt complicat implicar-hi els *posseiros* van decidir incoar un procés contra el pare Jentel, que la premsa ja havia presentat com el principal responsable de la revolta. Acusar Jentel suposava incriminar l'equip de la prelatura però, en contrapartida, apartava la pressió sobre els *posseiros*. En una carta d'aquesta època escrita als amics de Catalunya, Casaldàliga explica la difícil situació que vivia la prelatura i al mateix temps parla dels seus sentiments més profunds: «Ja sóc vell—diu a la carta—. Sóc més miop. Tinc poques forces. Una hora de *brocar*, netejar a *fação*, la brossa de la *roça* (plantació) m'ha deixat tres dies quasi baldat. Encara no sé nadar, després de cinc anys d'Araguaia. Sóc la negació de les coses pràctiques. No acabo de fer comunitat amb ningú. Tinc els meus dubtes profunds sobre les meves actituds, sobre el meu testimoniatge. Continuo somniant de fugir. No sóc un home d'oració. Tinc por. No "sé" res: visc d'intuïcions i de poesia, de sensibilitat i d'"imposada" fidelitat a priori. Sóc fidel, per fatalitat. Per gràcia, hauria de dir, ja ho sé..., però parlo ara amb vosaltres i m'obro tal com em sento en aquesta prematura senectut». Casaldàliga, que estava a punt de complir quaranta-cinc anys, se sentia vell enmig d'un món jove i cansat en el moment en què més necessària era la força i la determinació.

Jentel va ser jutjat per un tribunal militar a Campo Grande, la capital de Mato Grosso. L'inici del procés va permetre la tornada dels *posseiros* que havien fugit. Havien estat cent cinc dies amagats a la selva. Tota l'atenció se centrava en un judici que oferia poques garanties per a l'acusat: «En Fragoso, que era l'advocat de Jentel —recorda Casaldàliga— va escoltar una conversa a l'ascensor on es deia que la sentència ja estava decidida per instàncies superiors. Volien condemnar Jentel i tota la prelatura. Era una condemna contra tota una església que es posava al costat dels drets dels camperols i dels indígenes. Ho va manifestar molt bé en Martins, el jutge civil del procés, l'únic jutge civil enmig dels jutges militars. Martins va dir que a Jentel en comptes d'una condemna se li havia de donar un premi. Escoltar allò dit per un jutge civil enmig d'aquells militars, a més de demostrar la valentia d'aquell home, va ser força reconfortant».

Qualsevol tribunal civil que s'hagués ocupat del cas, al marge d'interessar-se pels possibles delictes que haguessin comès Jentel i els posseiros, hauria incriminat també la Codeara per les nombroses irregularitats i arbitrarietats comeses amb la gent de Santa Terezinha i amb els mateixos treballadors i peons de la hisenda. No es podia jutjar un delicte i ignorar els altres. Però Jentel era jutjat per un tribunal militar i la sentència havia de ser exemplar. Ho va ser: deu anys de presó per haver infringit la «Llei de Seguretat Nacional».

El mateix dia que Jentel era tancat a la presó de Campo Grande Casaldàliga va redactar un document de denúncia —«Condemnació i Testimoni del Pare Francisco Jentel, Missioner de la Prelatura de São Félix, Mato Grosso»— que es va fotocopiar i distribuir clandestinament. En el document es recordava que aquella condemna coincidia amb el vint-i-cinquè aniversari de la Declaració Universal dels Drets Humans. Tot i que la censura va impedir la publicació del document, el que passava a Santa Terezinha i la condemna de Jentel va arribar a l'opinió pública. «En aquell moment —recorda el pare Canuto—, a pesar de les dificultats de comunicació, teníem força. Se'ns coneixia a nivell nacional i sabíem que tot el que fèiem i vivíem a la prelatura tindria ressonància a tot el Brasil.» Aquesta força, que no va servir per impedir la condemna de Jentel, va ajudar a trobar una via de solució al conflicte de Santa Terezinha. La Codeara va haver de cedir i el govern la va obligar a reconèixer la propietat de la terra dels *posseiros* i dels indis i a deixar la ciutat lliure perquè fossin els representants municipals els qui administressin els permisos de construcció.

Tot i la condemna del pare Jentel, a la prelatura es respirava un cert optimisme. S'havia aconseguit una victòria davant la Codeara i Jentel no havia estat expulsat, que era el que realment hauria volgut el govern militar: tenir-lo a França i no pas a la presó. «La mateixa ambaixada francesa —escrivia en una carta Casaldàliga—, ho està intentant... Una "expulsió" seria més còmoda per a molts. El Pare, ja no cal dir-ho, s'ha negat a fer el joc i està a la presó animat, conscient, fidel al Senyor i al seu poble.»

Poc després del judici, els primers dies de juliol del 1973, l'ambient que es respirava a São Félix va canviar radicalment. No era la primera vegada que el govern enviava tropes especials a la regió, però mai no s'havia viscut un desplegament d'aquelles característiques. «Van enviar tropes de l'exèrcit —recorda Casaldàliga—, d'aeronàutica, de la marina, de la policia militar, de la policia civil i fins i tot els bombers. Potser tenien por que cremèssim l'Amazònia. Les nostres misses d'aquells dies les celebràvem amb les armes pertot arreu.» Era el que els militars anomenaven una operació «Aciso» —Acció cívico-social—: mentre uns oficials entrenats per a la repressió detenien i interrogaven la gent pròxima a l'equip de Casaldàliga, al mateix temps, un grup de metges militars oferia assistència mèdica i odontològica a la població. Era una manera de dissimular i guanyar-se la confiança de la gent que no tenia prou informació.

La nit del 8 al 9 de juliol un grup d'oficials de paisà i fortament armats, comandats pel capità Monteiro de les forces d'Aeronàutica, va ocupar la casa de Casaldàliga i es van emportar presos els sacerdots Eugenio, Canuto, Leopoldo i Pedro Mari. A Casaldàliga el van interrogar per saber on s'amagava la resta de l'equip de la prelatura. «Monteiro va donar l'ordre que em traguessin les ulleres —va escriure poc temps després en un relatori on denunciava els fets—. Jo mateix me les vaig treure. Volien arrancar-me la delació de Pontin i Moura, que s'havien amagat al riu, i de Leo i Pedrito, que havien sortit per avisar-los. Em vaig limitar a dir que era un assumpte de la meva consciència i que no diria res. "Parla poc però escriu bé", deia Monteiro en to de burla. "Després publiques una relació amb tot això", m'instigava. Els quatre sacerdots van ser lligats, humiliats i colpejats. Eugenio fins i tot va vomitar sang pels cops de colze que va rebre a l'estómac... Va ser una nit de terror. Tots vam sentir com s'encarnava entre nosaltres el "poder de les tenebres".»

«En aquella època tots nosaltres estàvem molt verds políticament —em va explicar en Moura quan el vaig visitar a la seva casa de Goiânia—. La gent més vinculada als partits sabia molt millor com reaccionar davant aquelles situacions de repressió de la dictadura militar. Nosaltres no érem polítics.» En Moura, que havia intentat esquivar els militars amagant-se al riu, va ser finalment agafat i el van enviar a Campo Grande. En aquella operació, a més de Moura, els militars van detenir i traslladar a Campo Grande set seglars que treballaven a la prelatura. Els quatre sacerdots que havien retingut a la casa de Casaldàliga els van deixar en llibertat. «Ens van interrogar durant tres dies —recorda en Moura—. Ens posaven una caputxa i ens despullaven. El primer dia ens van fer estirar a terra, els dos dies següents sobre un matalàs. Ho feien perquè les marques de la tortura no fossin visibles. Allà ens donaven xocs elèctrics. Sempre em feien les mateixes preguntes: "¿Què vol dir *mata*?". Era la primera paraula que jo havia fet servir per ensenyar als *posseiros* de Serra Nova.» En Moura somriu quan recorda aquell macabre malentès: l'equip de la prelatura utilitzava el mètode de Paulo Freire per alfabetitzar i conscienciar els camperols i aquest mètode utilitza paraules clau que estiguin a prop de la gent per, a partir d'elles, començar el procés d'ensenyar a llegir i escriure. La paraula *mata* en portuguès vol dir selva i per tant no era cap incitació a la violència, tal com volien interpretar els militars.

«El que ens va pesar més durant aquells dies —recorda ara Casaldàliga— és que no sabíem res dels nostres presos. Ni si eren vius o morts ni on eren.» Després dels tres dies d'interrogatoris els vuit detinguts van ser enviats a la presó de Campo Grande, on s'estava Jentel i on van passar quaranta dies retinguts. «El que recordo com a curiositat —diu Casaldàliga— és que quan l'exèrcit va abandonar São Félix van deixar en un bidó que hi havia davant de casa tots els papers esquinçats on tenien anotades les ordres. Es van oblidar de cremar-los. Aleshores vam recollir-los i ajudats per uns agents de la pastoral vam passar tres dies i tres nits reunint-los i enganxant-los. Vam conèixer com classificaven els llocs, quines ordres tenien, les propostes i fins i tot els noms de guerra que ens donaven. A mi em deien "el palito eléctrico", suposo que això de "palito" deu ser perquè sóc molt prim —Casaldàliga somriu i conclou—: estic convençut que totes les dictadures són tan perverses com estúpides.»

La repressió de l'exèrcit va generar un ampli moviment de solidaritat de bisbes, sacerdots i comunitats cristianes d'arreu del Brasil. Ivo Lorscheister, el secretari general de la Conferència Nacional de Bisbes, va fer gestions a favor dels presos davant els ministres de Justícia i de l'Exèrcit i va protestar enèrgicament per la detenció i mals tractes que havia sofert Casaldàliga. Al Ministeri de Justícia Lorscheister va ser tractat correctament, però al de l'Exèrcit va ser pràcticament ignorat. El titular d'aquest ministeri, Orlando Geisel, era qui volia expulsar del país Jentel i també tenia els mateixos plans amb Casaldàliga, a qui considerava el màxim responsable de tot el que passava a São Félix.

El 19 d'agost de 1973, coincidint amb la celebració de la patrona de São Félix, es va celebrar una missa a la vora del riu Araguaia amb la presència de dinou bisbes i amb l'adhesió d'uns altres divuit. Era una manera de demostrar al govern que l'església brasilera estava al costat de Casaldàliga i el seu equip. L'endemà mateix van deixar en llibertat Moura i els altres seglars de l'equip detinguts a Campo Grande. Tan sols Jentel continuava pres.

ST. MAGÍ

Tots els intents que es van fer durant aquells mesos per revisar el cas no van donar resultat. Només al cap d'un any, després d'un pacte confús entre la nunciatura, l'ambaixada francesa i el govern militar, Jentel va ser absolt pel Tribunal Superior Militar, que s'inhibia del cas i el deixava en mans de la justícia civil. «Jentel feia un any que era a la presó i va ser enganyat —recorda Casaldàliga—. La seva mare tenia vuitanta-dos anys, estava malalta i ell volia veure-la. Tots, l'ambaixada, la nunciatura i el govern, li van donar les màximes garanties perquè anés a França. El problema va ser després. Quan va voler tornar al Brasil, a la sortida de l'avió, la policia federal el va agafar, el va maltractar i el va tornar a enviar cap a França.»

El que havia passat amb Jentel va refermar encara més la decisió de Casaldàliga de no viatjar mai a Espanya. «A més d'haver pres l'opció de no sortir del Brasil —em diu Casaldàliga—, jo sabia que si en aquell moment sortia no els costaria gaire impedir la meva entrada. Expulsar-me suposava una decisió del president de la República, no deixar-me entrar era un acte de la policia. Era molt més fàcil.» A pesar de les dificultats que representava expulsar un bisbe, Geisel, el ministre de l'Exèrcit, havia començat a moure els fils per expulsar Casaldàliga. L'amenaça de l'expulsió seria constant durant aquests anys. Ell, en les cartes als amics de Catalunya, fins i tot bromejava: «Si m'expulsen, potser ens veurem». La situació era preocupant. El president de la conferència episcopal es va reunir amb el president del Brasil per aturar l'expulsió i el cardenal de São Paulo, Paulo Evaristo Arns, va viatjar a Roma per parlar amb el papa Pau VI. Casaldàliga recorda amb un cert orgull el resultat d'aquella trobada: «El papa va dir al cardenal que digués públicament que els qui treballàvem en aquestes regions érem veritables herois i que tocar el bisbe de São Félix era tocar-lo a ell...». Casaldàliga somriu i aixecant un dit em mira i em diu, com si jo fos el ministre Geisel: «Con la iglesia hemos topado, Sancho amigo!».

VII

TXERAMUNYA

Blau i més blau. Aigua contra el cel a través de llargues platges de sorra blanca i boscos verds de ribera. L'Araguaia és el riu més gran que he vist mai. «Aquest doll de l'Araguaia que em ve ple de Llobregats», deia Casaldàliga en un dels seus poemes. Intento mantenir els ulls oberts davant aquesta immensitat, però el vent no m'ho posa fàcil. Sandoval, un mulat seriós i corpulent que treballa en l'equip de la prelatura, gairebé fa volar la *voadeira* amb què viatgem cap a Santa Terezinha. El corrent del riu és molt fort i la petita barca a motor salta sobre les aigües a gran velocitat. Una garsa blanquíssima aixeca el vol al nostre pas, li costa enlairar-se, però quan ho fa les seves ales componen una de les estampes més elegants que ofereix la naturalesa amazònica. Els seus moviments són tan lents i tan suaus que semblen dibuixats des d'una altra dimensió. És fantàstic... «Quan vaig arribar aquí tot em sorprenia, tot em semblava meravellós —fa Casaldàliga mentre em passa l'ampolla de l'aigua perquè faci un glop— . A tot li feia un poema, fins i tot vaig dedicar-ne un a una garsa com aquestes.» La *voadeira* ha estat sempre un excel·lent mitjà de transport per moure's per la regió ja que les carreteres són molt dolentes i la majoria de les ciutats de la prelatura s'aixequen a la riba de l'Araguaia.

Quan passem davant el petit poblat karajà de Fontoura uns indis saluden des d'unes canoes. Casaldàliga alça la mà i respon amb un crit: «Boa!». Sandoval és un conductor expert, això no obstant, a pesar de la seva perícia passarem unes quantes hores botant sobre les aigües. La travessia és tot un espectacle de naturalesa en estat pur. Ocells de mil colors volant amunt i avall, tortugues en fila mantenint l'equilibri sobre un tronc que sura vora la platja, un caiman que es submergeix espantat pel soroll de la barca i, a pocs metres de nosaltres, un esbufec i el llom gris d'un *boto*, un d'aquests enigmàtics dofins d'aigua dolça. «L'Araguaia és el riu que té més peixos de tota la regió de l'Amazones. És un bé de Déu.» Casaldàliga m'assenyala cada un dels animals i a cada nou racó de riu té sempre alguna història o alguna vivència per explicar. Aquest riu és la seva vida. «A mi m'agradaria que m'enterressin —si moro aquí— al cementiri vell de São Félix, que està al costat de l'Araguaia. Ara l'han hagut de tancar perquè el riu, amb les crescudes, s'emportava terra i ossos. Nosaltres enterràvem els peons sense documentació. Només eren "Chico", "Preto", "Baiano"... Els motius que els donaven. A mi m'agradaria ser enterrat aquí, perquè com que de qualsevol lloc ressuscites... La meva vida és aquest Araguaia... És molt bonic, i al mateix temps és molt misteriós i lliure. Obre camí. Cada any, quan arriben les crescudes, obre un curs diferent. Per això dic que és força revolucionari i també força utòpic. I té també aquest mite dels indis karajà que diu que originalment vivien dins les aigües de l'Araguaia, fins que algú, per curiositat —que va ser el seu pecat original—, va decidir sortir-ne i es va trobar amb la civilització blanca i d'aquí els van venir tots els mals.»

Fa hores que naveguem i, llevat dels indis de Fontoura, no hem vist cap altre rastre d'activitat humana. No ens hem creuat amb cap altra barca ni hem passat davant de cap més poblat. De sobte, a la riba dreta, a l'illa del Bananal veiem enlairar-se una columna de fum qu es va tornant més negra i densa a mesura que ens hi anem acostant. «Queimadas», diu Sandoval. Passem pel costat de l'incendi en silenci. No hi ha ningú a la vora, ni per controlar el foc ni per intentar apagar-lo. És com si no importés a ningú que aquella terra es cremi. Tampoc Casaldàliga ni Sandoval semblen preocupats. «Ara és el temps de les *queimadas* —diu aquest amb un gest de resignació—. Aquest incendi no és gaire gran però ningú vindrà a apagar-lo. Aquí els incendis o s'apaguen sols o no s'apaguen, com va passar a Roraima fa poc temps, quan es va cremar més de la meitat del territori de l'Estat.» L'illa del Bananal és una reserva natural protegida, però els latifundistes de la zona aprofiten les seves pastures i per això no se salva de les *queimadas*. «Nosaltres hem cridat i hem fet campanyes —diu Casaldàliga—, però ¿saps què passa? que aquí hi ha una mica aquella consciència que el Brasil és nostre, el Brasil és gran; fins i tot hi ha una dita aquí a l'interior que fa: "*Deus é grande, mas a mata é maior*". Déu és gran però la selva encara ho és més. El que passa és que quan veus quilòmetres i quilòmetres de selva en flames, incendis que duren dies i dies, sents com si et cremessin la carn. És la mateixa impressió que vaig tenir quan vaig arribar a São Félix per primera vegada i vaig veure com cremaven centenars d'hectàrees senceres. Sembla que encara ho estic veient...»

La tradició de les *queimadas* està molt arrelada entre la població d'aquestes regions. Com que la terra tropical és molt pobra i necessita l'acidesa que li dóna la cendra de la vegetació cremada per poder resultar productiva, aquests incendis són una pràctica habitual entre els petits camperols i entre certs grups indígenes. Practiquen una mena d'agricultura que s'anomena de *rodízio*, consistent a cremar petites extensions per plantar, que aprofiten una temporada i després deixen reposar perquè torni a créixer la vegetació i puguin tornar a reiniciar el procés. Però no són els petits camperols ni els indígenes els responsables de les grans *queimadas* de milers i milers d'hectàrees que cada any es repeteixen a la regió. «És el latifundi qui ho fa —insisteix Casaldàliga—. El latifundi és homicida, és floresticida i també és suïcida, perquè al capdavall tot això repercutirà en una misèria ecològica per a tot el Brasil i tot l'Amazònia.» Però hi ha un bri d'esperança: la consciència ecològica ha augmentat de manera considerable al Brasil en aquests últims anys. «Ara finalment acabem de descobrir l'ecologia —afirma amb una certa ironia Casaldàliga, potser pensant en el diferent sentit que té la paraula si es pronuncia aquí o en el primer món—. Fins fa poc ens semblava que el món era il·limitat. Ara anem descobrint que és la gran criatura de Déu i per això mateix, pel fet de ser criatura, és limitat. Penso que aquest sentit de corresponsabilitat de la creació és la moralitat de la història humana. Som corresponsables no sols de la pròpia vida personal i de la vida dels altres, sinó també de les aigües, de la terra, de la fauna, de la flora i de l'univers. Un dia estava en una petita comunitat rural prop de Vila Rica, sense llum elèctrica, i miravem el cel estrellat. Era una autèntica meravella contemplar aquests milions i milions d'astres. Perquè aquí tenim més estrelles que al primer món; vosaltres us heu quedat amb molt poques estrelles, només us en queden algunes a la televisió o al teatre... Però aquí tenim les de debò. I davant aquella disbauxa i infinitud em semblava que estava davant un excés de creació...»

Finalment, després de molt sol i molta aigua, hem arribat al poblat tapirapè a trenta quilòmetres de Santa Terezinha. És un lloc que m'inspira una profunda sensació de quietud. Sembla com si el temps s'hagués aturat en aquest racó perdut del Mato Grosso. El poblat només són una dotzena de cabanes grans de fang i fusta que formen una gran rotllana. Al mig no hi ha res, només un gran espai buit reservat per a les reunions i les celebracions rituals de la tribu. Al costat de les cabanes, el riu Tapirapè fa un petit llac d'aigües tranquil·les envoltat d'arbres altíssims que és d'una bellesa gairebé perfecta. La tranquil·litat que es respirava en el moment de la nostra arribada acaba ràpidament quan els infants del poblat s'adonen de la visita i se'ns tiren a sobre. «Txeramunha, txeramunha». diuen a Casaldàliga. «És una expressió molt afectuosa —m'aclareix—. Vol dir avi. És el nom que em donen els tapirapè.»

Hi ha molts nens, no en sabria dir quants perquè no puc ni comptar-los. Van despullats i estan tota l'estona donant-nos la mà, tocant-nos i rient. No paren de riure. És una de les descobertes que més em colpeix: els indis es riuen de tot i riuen constantment. En moltes ocasions tinc la fonamentada sospita que es riuen de nosaltres, però ho fan d'una manera tan oberta i tan natural que l'unica reacció possible és compartir la rialla. Alguns adults s'han afegit a la benvinguda deixant momentàniament les activitats que estaven fent, tot i que no és que hi hagués molt moviment al poblat abans de la nostra arribada, sinó que més aviat semblava que tothom estava dormint o descansant a les hamaques. Saludem afectuosament Txywaerí, el cacic, i també Awaetekatoi, bon amic de Casaldàliga i un dels millors artesans de la tribu. Els tapirapè s'han dedicat sempre a la caça, la pesca i una agricultura molt rudimentària, però des de fa uns anys l'artesania s'ha convertit en una bona font d'ingressos suplementaris. La casa d'un artesà es coneix ràpidament perquè té a la porta un parell de lloros plomats la imatge dels quals, amb més pell que ploma, és patètica. Els tapirapè aprecien molt aquestes aus perquè n'utilitzen les plomes que cada any renoven per fer les grans màscares característiques de la tribu. Awaetekatoi m'ensenya algunes de les seves obres: senzilles, rústiques i ben acabades. És un tipus poc parlador però molt simpàtic i acollidor.

Quan li pregunto per Casaldàliga fa una profunda inspiració, s'acaricia pausadament el mentó punxegut i diu: «Dom Pedro té la mateixa paraula que els tapirapè. Nosaltres el considerem tapirapè». Li pregunto si creuen en el mateix Déu i clavant-me els seus ulls petits, negres i vius sentencia: «El seu Déu i el Déu dels tapirapè són el mateix Déu». L'opinió d'Awaetekatoi no sorprèn Casaldàliga: «Recordo que en una de les primeres visites al poblat, fa molts anys, em van presentar un vell *pâxé* , una mena de sacerdot-metge, l'home de culte de la medicina tradicional. Quan vaig arribar el *pâxé* em va beneir, em va agafar les mans i m'hi va bufar insistentment per espantar els mals esperits que jo pogués portar. Em vaig sentir sotraguejat perquè vaig pensar que jo podria ser un estranger i fins i tot un conqueridor, un invasor, ¿oi? Vaig notar que parlava una mica en nom d'aquests pobles que havien sentit la presència d'uns invasors que portaven mals esperits per a les seves terres i les seves cultures».

Encara no he vist en tot el poblat un sol signe religiós que pugui reconèixer. No hi ha cap església ni cap creu, però fa més de quaranta anys que s'hi va instal·lar una missió de les germanetes de Foucauld, les que treballaven amb el pare Jentel, que formen part de l'equip de la prelatura de Casaldàliga. Actualment aquí viuen sor Odile i sor Genoveva, que tothom coneix com a «Veva». Ella va ser la primera religiosa que va arribar al poblat i ha viscut ben de prop tots els conflictes que han afectat els tapirapè. Com tots els pobles indis, aquests també tenen problemes de terra, en aquest cas dificultats perquè el govern faci la demarcació del territori on sempre han viscut i més encara perquè els grans propietaris de la regió la respectin.

Veva i Odile viuen en una cabana més del poblat. En el seu interior descobreixo el primer senyal de la seva condició religiosa: quan hi entrem estaven pregant en una discreta capella de poc més de dos metres quadrats que hi tenen en un racó. La nostra arribada fa que deixin immediatament la pregària. Les germanetes de Foucauld són una fraternitat contemplativa però el seu estil de vida les porta a estar sempre al servei dels altres, per tant, encara que sigui l'hora de la pregària, l'abandonen si entra algú a la casa. Una altra característica d'aquestes religioses és la ferma convicció que no poden ni volen ensenyar res a ningú: la gent ha d'aprendre per ella mateixa, elles només volen compartir. Veva ens convida a dinar arròs i peix del llac Tapirapè. És una dona de setanta-cinc anys que n'ha passat més de la meitat entre aquests indis i sembla com si, del contacte, se li n'hagués enganxat fins i tot una certa semblança física. El sol de la regió li ha daurat i arrugat la pell, té els cabells curts, llisos i platejats, una mirada bondadosa i unes mans grans i endurides pel treball. «Nosaltres volem respectar i no imposar —em diu— . Quan vam arribar a aquest poblat la situació era molt difícil, vam intentar-los ajudar, però no ens vam limitar a donar-los medecines, sinó que els vam fer veure que hi havia una sortida, que no estava tot acabat.»

A São Félix m'havien explicat la dramàtica història dels tapirapè i com les germanetes de Foucauld els van salvar; també em van dir que elles no m'explicarien mai el que havien fet. No demano a Veva que m'expliqui la història, però insisteixo a saber quina és la filosofia de vida que les va impulsar a fer el que van fer. «Per donar confiança als tapirapè —afegeix Veva— vam decidir assumir la vida que feien, perquè entre ells s'havia creat el sentiment que les seves creences estaven equivocades i començaven a menysprear la seva pròpia llengua i a pensar que el seu sistema de vida era dolent. Aleshores, nosaltres, per fer-los veure que la seva vida sí que tenia un sentit, vam decidir assumir tot el que feien i tot el que tenien.»

«Nosaltres tenim la gran sort de la presència de les germanetes de Foucauld —diu Casaldàliga—. És una presència missionera de testimoni i de plena encarnació. En aquella època encara no s'usava la paraula inculturació entre els missioners, perquè l'Església va assumir la necessitat d'inculturació fa molt pocs anys, molt temps després que ho fessin les germanetes.» Inculturació. Una paraula que ara té molt sentit però que era estranya quan les germanetes de Foucauld van arribar al poblat tapirapè. La inculturació per a aquelles dues monges va arribar en el moment en què van decidir no intentar convertir els indis al cristianisme, sinó que més aviat van ser elles les que es van convertir a la manera de viure dels tapirapè. Ho van fer simplement com una resposta a la realitat que veien i com una conseqüència lògica de l'estil de vida que l'orde els imposa. No era habitual en aquell temps trobar missioners que actuessin d'aquella manera, i descobrir aquesta realitat va impressionar profundament Casaldàliga, que ha après molt d'aquestes dues monges.

Els tapirapè han influït decisivament en el pensament de Casaldàliga i suposo que ara ja no parlaria, com feia quan descrivia la regió acabat d'arribar, del paganisme dels indis. «Jo podria dir paganisme en el sentit de no ser cristià. És clar que la paraula avui sembla despectiva, però tot es gradual —diu tot matisant un cert canvi de perspectiva—. Jo dic, i ho deia fa poc en una reunió per parlar de la problemàtica indígena, que com més va més confús i alhora més segur estic. Sigui en matèria d'economia i política, sigui en matèria d'inculturació i de religió. Estic més confús en el sentit que veig més el que no veia, sento exigències que no sentia, reconec errors que abans no veia... En aquest sentit estic més confús, perquè descobreixo cada dia més mons, més horitzons, més camins i més contribucions que desconeixia. Però, d'altra banda, també em sento com més va més segur, perquè el que és fonamental ho veig com més va més fonamental i un dels principis que ara m'orienten més i m'acontenten més és: relativitzar el que és relatiu i absolutitzar el que és absolut.» Aquesta és una frase que Casaldàliga pronuncia lletrejant cada una de les paraules i que m'ha repetit diverses vegades al llarg de les moltes hores de conversa que hem mantingut. «Tinc aquest petit poema —afegeix— que diu: tot és relatiu fora de Déu i la fam. Quan dic la fam vull dir la vida humana. Per la paraula fam entenc les necessitats bàsiques i fonamentals de la vida humana. I això és una cosa que he anat descobrint de manera gradual.»

Però per entendre millor l'evolució personal de Casaldàliga i la influència de l'estil missioner de les germanetes de Foucauld cal tenir present la història dels tapirapè. La que no m'explicaran mai les monges, però que tothom a la regió coneix. Els tapirapè eren una tribu nombrosa a començaments de segle. Els antropòlegs Herbert Baldus i Charles Wagley, que en van estudiar la cultura i la història, diuen que l'any 1910 hi havia més d'un miler d'indis repartits en cinc poblats al llarg del riu Tapirapè. Com per a la majoria dels indis de la regió, el contacte amb els blancs va significar la introducció de malalties davant les quals estaven indefensos. La població es va reduir per aquesta causa, però els tapirapè encara tenien a sobre una amenaça més greu. El problema no eren els blancs sinó uns altres indis, concretament els kaiapó. La rivalitat amb aquesta tribu que era el terror de la regió va tenir conseqüències fatals perquè els kaiapó són uns indis extraordinàriament agressius i bel·licosos mentre que els tapirapè són molt més pacífics i no han tingut mai una gran preparació per a la guerra. A finals dels anys quaranta els tapirapè estaven a la vora de l'extermini. No quedava cap poblat en peu i els indis que havien sobreviscut a les batalles i a la persecució dels kaiapó vivien disseminats i amagats enmig de la selva. Aleshores, el Servei de Protecció a l'Indi, un organisme governamental de l'època, va reunir els que quedaven vius i va decidir agrupar-los a la vora del llac Tapirapè, al mateix lloc on actualment s'aixeca el poblat. Només van poder reunir quaranta indis que, desmoralitzats i desesperançats, gairebé no tenien força per lluitar per la reconstrucció de la tribu.

Els tapirapè estaven al límit de l'extinció i no eren una excepció. Durant aquest segle, segons l'antropòleg Darcy Ribeiro, han desaparegut vuitanta pobles indígenes. «Aquesta és una situació terrible —confirma Casaldàliga amb gest sever—, perquè un poble no es repeteix. Però aquella situació en la qual es trobaven els tapirapè és similar a les que han viscut moltes altres tribus indígenes del Brasil. En molts casos han arribat al suïcidi col·lectiu. Encara ara el suïcidi és força habitual entre la joventut índia, per exemple, entre els kayowà, que viuen a l'estat de Mato-Grosso do Sul. En els últims anys hi ha hagut molts joves que s'han suïcidat... Perquè la seva vida no té sentit ja que els han prohibit la seva cultura, que és la seva cosmovisió, perquè es troben sense terra, sense espai... Ells tenen aquest mite de la terra sense mals, i això explica que molts joves s'hagin suïcidat perquè senten que a través de la mort arriben a la terra sense mals que els és prohibida durant la vida.»

Els tapirapè no havien decidit suïcidar-se però no semblaven tenir gaires ganes de viure, per això els missioners dominics de Conceição do Araguaia van demanar a les germanetes de Foucauld, que tenien la vocació de viure amb els més abandonats, que fundessin una missió entre aquell grup d'indis que s'havia concentrat al costat del llac Tapirapè. Era l'any 1949.

Un dels costums que en aquells primers mesos de convivència més van sorprendre les dues monges era el ritual que els indis seguien per controlar la natalitat. El continuaven practicant a pesar de la situació demogràfica crítica que vivia la tribu perquè era un tabú que havien heretat dels seus avantpassats. Els tapirapè no poden tenir tres fills d'un mateix sexe. Per tant, si una parella té dues nenes i en dóna a llum una tercera, el bebè ha de ser enterrat només sortir del ventre de la mare. Les monges estaven horroritzades davant d'aquesta pràctica, que potser tenia algun sentit per assegurar la supervivència dels fills que vivien en èpoques anteriors, però que, en aquell moment, significava gairebé el suïcidi d'aquell poble.

Les religioses no van criticar el que els indis feien: fidels al seu estil, no volien donar una lliçó a ningú, però van decidir fer alguna cosa per canviar aquell costum. Després d'uns mesos de convivència s'havien guanyat la confiança dels tapirapè i van començar a dir-los que els agradaria tenir un fill. La contesta dels indis va ser contundent: «agafeu un marit i llavors en tindreu». Els va costar, però van fer-los entendre que no es podien casar. Aleshores es van assabentar que hi havia una dona embarassada que ja tenia dos fills. Van decidir visitar-la constantment i fer amistat amb ella. Quan va arribar el dia del naixement els pressentiments es van complir: era un nen, el tercer, i per tant l'havien de matar. Veva, que havia estat a l'aguait del part, va demanar insistentment que li donessin aquell nen. Era tot un problema perquè significava desafiar una llei històrica, però després de donar-hi moltes voltes el cacic i el líder religiós de la tribu van decidir finalment que no passaria res si donaven aquell fill a Veva.

Va ser una petita victòria que va estar a punt d'acabar en tragèdia. Les monges van agafar el nen i van intentar criar-lo amb llet en pols però no se'n surtien perquè el nen no l'acceptava. Després d'uns dies d'incertesa, que afortunadament van acabar bé, els plors del nen van ser a l'últim un reclam irresistible per a la mare, que es va acostar a la cabana de les monges, va agafar el seu fill, li va donar el pit i se'l va emportar cap a casa. Amb aquell gest havia trencat el tabú.

Ara la tribu ultrapassa els quatre-cents membres: el poblat tapirapè és ple de nens, les parelles tenen més de quatre fills i hi ha famílies nombroses, fins i tot m'han dit que n'hi ha una amb onze fills. El creixement demogràfic ha estat tan considerable que els ha obligat a fundar un nou poblat a l'Urubu Branco, la regió on històricament havien viscut abans de ser-ne expulsats pels kaiapó.

Durant la nostra estada al poblat, anem allà on anem, sempre estem envoltats de nens. Els contemplo i em sento commogut per la seva curiositat i per les seves ganes de riure. Simplement són un grapat de nens, però coneixent-ne la història, és com si tingués davant meu una meravella de la naturalesa acabada de descobrir. Al mateix temps, constato un fet significatiu: no hi ha un sol d'aquests nens que estigui batejat. Després de cinquanta anys de convivència a la tribu i des d'una perspectiva missionera clàssica això seria un fracàs. «¿Fracàs?... —Casaldàliga em llança una mirada ferma i segura—. Els tapirapè no són cristians perquè no estan inscrits a l'Església, però tenen més llibertat, més solidaritat, més pau i més esperança que molts cristians. La resurrecció de Crist no va deixar l'Església instituïda, sinó només la llavor perquè, amb el temps, ressuscités el seu esperit i es fes la feina que no podríem admetre mai, en versió diguem-ne missionera, és allò que deien els conqueridors, que l'únic indi bo és l'indi mort. Imagina't si nosaltres diguéssim: l'indi bo és l'indi batejat encara que sigui mort. El que és important és que els indis puguin viure, batejar o no batejar vindrà després. Ja sé que això portaria a una conversa llarga i que si m'escoltessin alguns teòlegs, una mica més posats, potser em contestarien, però tinc la plena convicció, com més va més, que Déu és més gran que nosaltres i que salva molt més que no ens pensem. Ha salvat el poble tapirapè: tenen vida i tenen vida en abundància. Tenen la terra. Tenen fins i tot els seus professors i infermeres. Tenen la seva gramàtica i vocabulari, que no en tenien. Hem salvat un poble... Jo tinc la impressió que si Jesús arribés visiblement al Tapirapè hi firmaria, ¿oi? És clar que les germanetes volen, i jo també, que aquests indis coneguin cada vegada més Jesús, d'una manera lliure, adulta i puguin viure cristianament, però com a tapirapès.»

Casaldàliga i les germanetes de Foucauld van ser uns precursors en el procés d'inculturació que van seguir amb els tapirapè, però això no vol dir que aquesta sigui una línia acceptada i seguida per tots els missioners catòlics. És un debat obert. La primera vegada que es va demanar a l'Església la necessitat de canviar la seva manera d'evangelitzar les poblacions indígenes va ser a la fi de la dècada dels 70 quan un grup d'antropòlegs es va reunir en un encontre internacional a Barbados. Van fer una crida apel·lant a la consciència cristiana perquè aturés la manera d'actuar de les missions, amb un esperit colonitzador que no respectava les cultures indígenes i en provocava la desintegració. «Allà hi havia antropòlegs molt reconeguts —recorda Casaldàliga—, molts d'ells eren ateus o agnòstics, però segons la meva manera de veureho van fer una gran contribució a l'Església. Van dir: "Vosaltres esteu matant aquests pobles. Els mateu les cultures i els mateu les ànimes". Era aquella expressió que ja havien utilitzat alguns indígenes en els primers temps: de dia amb les espases es maten els cossos i de nit amb la doctrina es maten les ànimes.»

«La inculturació continua sent un dels grans desafiaments de l'Església catòlica —insisteix—. De fet, no és cap novetat, [illegible] de la història de l'Església la fe s'ha inculturat força, sobretot en els primers temps, ¿no? Va passar del món jueu al món grecoromà, després a Europa, al món dels bàrbars...

Van ser processos d'inculturació, el que passa és que es van aturar i en els últims segles no hi ha hagut inculturació de l'Evangeli. Jo dic sempre que Àsia, Àfrica i Amèrica han estat evangelitzades colonitzadorament. Els missioners catòlics, i també els protestants, hem vingut amb l'Evangeli i també amb la nostra cultura. És el que dic en un poema de la *Missa da Terra sem Males*: *venimos com message de cultura estrangera.*»

Casaldàliga, juntament amb el poeta brasiler Pedro Tierra, va escriure la *Missa de la Terra sense Mals* a la fi de la dècada dels setanta per contribuir a la sensibilització sobre la causa indígena. «Quan veus algú que evangelitza els pobles indígenes de la manera més directa —afegeix—, comproves que es continuen destruint cultures. És una evangelització que resta superficial perquè no acabem de dialogar amb la cultura, perquè portem, no solament l'Evangeli, sinó també una dogmatització de l'Evangeli que ja és una inculturació occidentalitzada. No es permet que Déu parli amb Déu. Que l'únic Déu parli amb Déu però d'una altra llengua i d'una altra cultura. Sembla que Déu només pugui parlar en la nostra llengua i en la nostra cultura.»

Casaldàliga em confessa que una de les experiències que més el va fer reflexionar sobre la causa indígena va ser quan un vell bororo li va confiar una de les llegendes de la seva tribu. «Aquell vell bororo, que anava sempre amb una fulla de palmera al pit, em va dir que volia parlar amb mi i em va demanar que anéssim a un lloc reservat per explicar-me una cosa que no havia dit mai a ningú. Em va dir que quan els missioners van arribar a la seva tribu i els van començar a explicar històries religioses ells ja les sabien. Em va explicar que, segons la seva cosmogonia, la gènesi segons els bororo, la primera cosa que va crear Déu va ser l'home. Un cop el va crear, el va tancar dins una mena de casa i després es va dedicar a crear el món. Quan ja ho tenia tot fet, va obrir la porta de la casa on estava tancat l'home i va desaparèixer. L'home va sortir de la casa i es va trobar un univers a la seva disposició mentre que al mateix temps Déu desapareixia i el deixava sol. Em sembla una història meravellosa.... Descobrir aquesta religiositat que impregna tota la vida és el que més m'ha tocat i més m'ha fet obrir els ulls i m'està ajudant a pensar en una evangelització inculturada que absolutitzi el que és absolut i relativitzi el que és relatiu.»

Ara entenc per què Awaetekatoi sap que el Déu de Casaldàliga és també el Déu dels tapirapè i també entenc per què, de vegades, fent una mica de broma, Casaldàliga s'autodefineix com un ateu de molts déus: «Hem d'anar canviant de Déu cada dia —emfatitza—, en el sentit que cada dia hem de deixar més que Déu sigui Déu. Jo no puc quedar-me amb un Déu ja fet, o pitjor encara, quedar-me'n amb un en exclusiva. Tinc un poema que diu: ¿el meu Déu em deixa veure Déu? Recordo una anècdota que explicaven alguns capellans antics, fent broma respecte a les monges, segons la qual una mongeta deia aquesta jaculatòria: faci's la meva santa voluntat de Déu! Potser era una mica de masclisme per part d'aquells capellans, ¿oi? Però jo volia dir que de vegades demanem que es faci la voluntat de Déu quan estem demanant que es faci "la meva santa voluntat de Déu". Aquest és un procés que també es podria aplicar a la problemàtica de les nacionalitats, de les ètnies, de les aculturacions... Cada vegada més universals. Amb l'actual fenomen de la mundialització, per primera vegada la humanitat se sent una, i això és un bé de Déu. Si som una sola família, és bo que ens sentim una sola família humana, que no pensem ara que hi ha com diferents humanitats. Quan es pensa això, fàcilment es pensa que hi ha humanitats de primera, de segona i de tercera... I aquí el primer món i el segon i el tercer i el quart. Amb la religió passa el mateix que amb les nacionalitats i amb les cultures: com més va més ens sentim una sola humanitat, una sola casa...».

Casaldàliga té un vessant poètic i teològic que ha estat present al llarg de tota la seva vida. Però bàsicament és un home d'acció i la defensa de la causa indígena requereix respostes decidides i mesures concretes. Una de les principals aportacions que ha fet a l'església del Brasil ha estat l'impuls que ha donat a la creació de comissions mixtes de religiosos, camperols i indis per a la resolució dels conflictes de la terra i els conflictes indígenes. Ha estat un dels principals promotors del CIMI, el Consell Indigenista Missioner, i de la CPT, la Comissió Pastoral de la Terra. Actualment, en aquests dos organismes treballen i col·laboren centenars de persones i han assolit una gran influència en el país. Són dos organismes que ajuden a organitzar els camperols i els indis per defensar els seus drets i posen a la seva disposició advocats, enginyers agrònoms, mestres i altres professionals que difícilment estarien al seu abast. El CIMI va ser fundat, entre altres per Casaldàliga i Tomàs Balduino, bisbe de Goiás, a l'abril de l'any 1972, mentre que la CPT ho va ser l'any 1975. «La creació del CIMI i de la CPT —afirma Casaldàliga— va ser una resposta profètica a una necessitat visceral, històricament parlant. Va ser un primer pas històric, aquí a l'Amèrica Llatina en aquest procés que ara en diem inculturació, i que en aquell moment anomenàvem encarnació. Tant el CIMI com la CPT són consells i comissions que estan al servei de les causes dels indis i dels camperols. Des del primer moment vam precisar que volíem ser un instrument al "servei de". En el cas del CIMI, la paraula era dels indis, la causa era dels indis, i per això hem defensat sempre els interessos més vitals per als indis: la terra, l'autonomia, la llengua, la cultura... Això ens dóna una visió força global de la causa indígena. No volem la integració, volem la interintegració. Hem de fer que la civilització occidental s'acosti a la civilització indígena. Si nosaltres sabéssim ajuntar l'ecologia, la poesia, la gratuïtat, la infància espiritual amb la tècnica, amb l'eficiència i amb la regularitat, seria fantàstic.»

La primera trobada de la Pastoral indigenista que va promoure el CIMI es va celebrar l'any 1974 a l'aldea bororo de Meruri. Va ser un acte carregat d'emoció i simbolisme que Casaldàliga va consignar al seu diari: «Difícilment oblidaré la comunió que vaig rebre de la mà d'un bororo vestit i pintat de manera ritual. Tomàs Balduino i jo, com a bisbes, com a autoritat sagrada, vam ser honorats amb una brillant diadema de plomes d'arara i ens van marcar el rostre amb el vermell de l'Urucum: "In sanguine", em deia Tomàs, mentre l'índia ens ungia amb les mans vermelles i oloroses». La creació del CIMI i la CPT és un dels motius principals que justifica la notorietat de Casaldàliga al Brasil. La popularitat se la va guanyar enfrontant-se al govern de la dictadura militar.

El sol comença a caure sobre el llac Tapirapè quan pugem a la *voadeira* de Sandoval per tornar a São Félix. Uns núvols prims i vermells es reflecteixen sobre les seves aigües calmades. Sento com si darrere nostre deixéssim un racó del paradís. Me'n vaig d'aquest lloc amb una imatge idíl·lica i idealitzada que sé que no es correspon amb la realitat quotidiana d'una tribu indígena: segurament si visqués més temps entre aquests indis en tindria una altra de ben diferent, però voldria conservar intacte aquest regust bucòlic amb el qual marxo. L'aire fresc i humit de l'Araguaia em fa tornar a la realitat. Miro Casaldàliga al meu costat i penso en aquelles paraules de Tomàs Balduino a l'aldea de Meruri que van quedar gravades per sempre en la seva memòria: *In sanguine*, marcats per la sang.

VIII

JOÃO BOSCO

Balsareny, 1935.
El dia de la primera comunió.

Balsareny, 1937.
Els pares de Casaldàliga amb els quatre fills, Josep, Carme, Maria i Pere.

Balsareny, 1952. Casaldàliga amb la família després de celebrar la seva primera missa com a sacerdot a Balsareny.

Barcelona, 1952. Casaldàliga és ordenat sacerdot a l'estadi Olímpic de Montjuïc.

Sabadell, 1953. Celebrant una comunió en els seus primers anys com a sacerdot a Sabadell.

Balsareny, 1964. Casaldàliga a Balsareny amb els seus germans, Josep, Carme, Maria, la cunyada Dolors, els pares i quatre nebodes.

Balsareny, 1967. Casaldàliga amb la seva mare abans de marxar al Brasil.

São Félix, 1971. Ordenació de bisbe.

São Félix, 1970. El bisbe Dom Camilo Faresin celebrant la missa en què es va erigir oficialment la prelatura de São Félix do Araguaia.

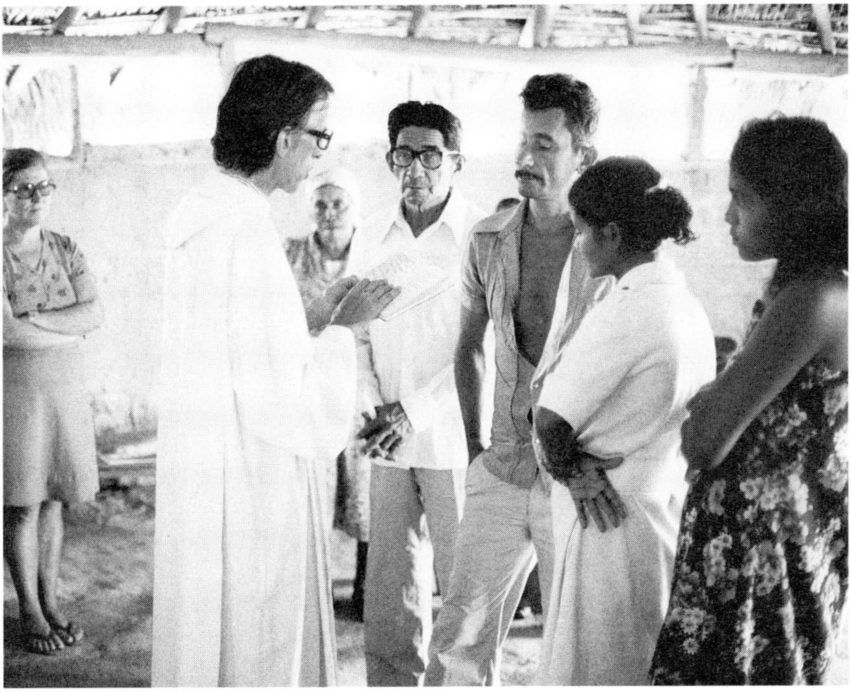

1973. Casaldàliga celebra el casament d'una parella de camperols.

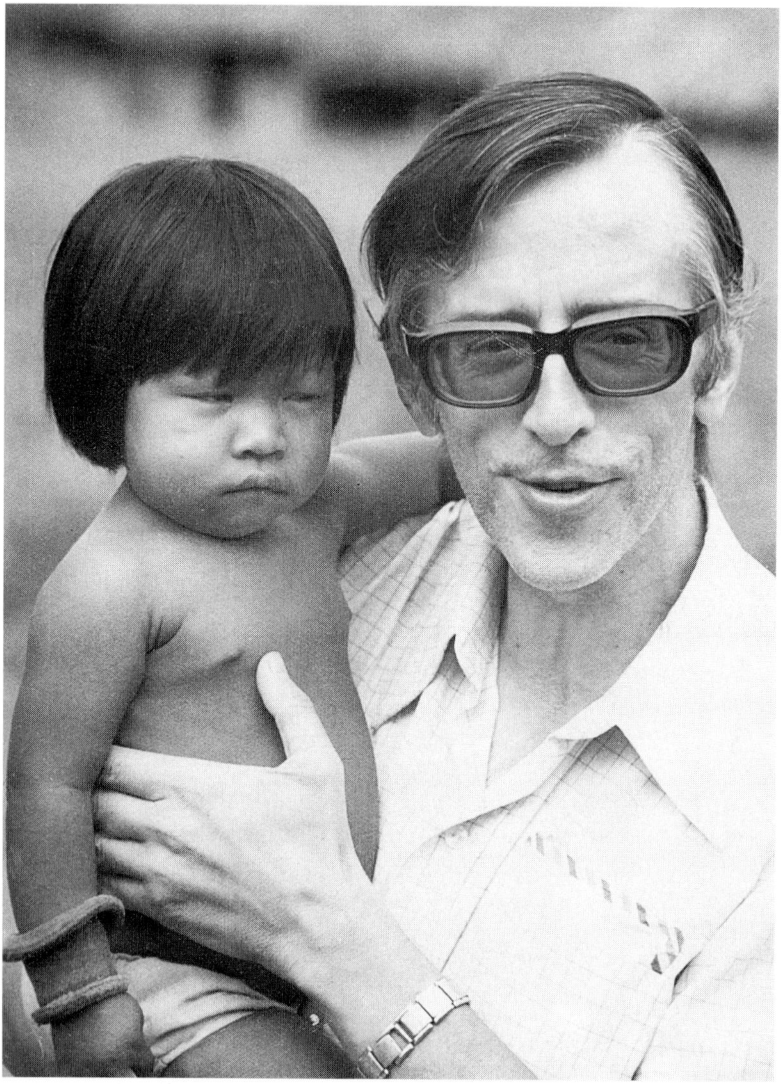

1976. Casaldàliga amb un infant de l'ètnia tapirapé.

São Félix, 1978. Vista aèria de São Félix.

São Félix, 1978. Un carrer de São Félix.

Riberao Cascalheira, 1980. Construint una casa.

1982. Celebració religiosa en un poble de posseiros.

São Félix, 1985. Casaldàliga treballant al pati de la casa de São Félix.

Goiânia, 1985. Trobada amb Miquel d'Escoto, que l'invita a viatjar a Nicaragua. Asseguts al sofà amb Casaldàliga, Tomàs Balduino, bisbe de Goiás, i Antoni Carlos Moura.

Roma, 1988. Casaldàliga i Joan Pau II.

São Félix, 1998. Celebració religiosa a la catedral de São Félix, decorada amb un mural de Cerezo Barredo.

São Bento, 1998.
Casaldàliga conversa amb un passeiro de São Bento.

Luciara, 1998.
Casaldàliga i el petit Mateus.

São Félix, 1998. Visita a la presó de São Félix.

São Félix, 1998. Casaldàliga celebra una missa al pati de la presó.

Un vent sec i rabiós aixeca núvols de pols dels carrers de São Félix. «Són els *ventos gerais*», em diu la Tia Irene mentre intenta netejar com pot l'enutjosa pols vermella que penetra fins a l'últim racó de la casa. Els *ventos gerais* o vents generals, habituals dels mesos de juliol i agost, bufen amb força aquest matí i creen una atmosfera pesada i estranya. Casaldàliga, aliè als problemes domèstics que genera el vent, està concentrat escrivint amb la seva Facit, una màquina d'escriure vella i sorollosa.

De sobte, un veí entra a la casa i reclama l'atenció urgent de tothom. «Dom Pedro —diu dirigint-se a Casaldàliga—, hi ha hagut una carnisseria a Luciara. Un crim horrible.» Tots escoltem la història amb una boca de pam. No sembla que el veí estigui molt informat i no en pot donar gaires detalls; només sap que en una hisenda propera a Luciara hi ha hagut tres o quatre morts i alguns ferits. No té ni idea de qui ho ha fet ni per què. «Potser es tracta d'algun problema de terra —afirma Casaldàliga—: a Luciara hi ha diversos conflictes oberts amb els terratinents de la zona.» Abans de tenir temps de fer noves especulacions arriba un altre veí amb més informació sobre el fet: diu que els cadàvers estan a la comissaria de São Félix, que són un pare i dos fills de sis i onze anys. «Anem-hi —em diu Casaldàliga—, hem de saber què ha passat i oferir la nostra ajuda.» Fem el recorregut fins a la comissaria en silenci, marcats per l'impacte de la notícia. Pel camí anem trobant gent que ens completa la història. Quan hi arribem ja coneixem gairebé tots els detalls de la matança. És un crim espantós. Diuen que fa una setmana va arribar a Luciara un peó que buscava feina, el van contractar i una família el va acollir a casa. Se'n desconeixen els motius, però ahir el peó va disparar contra la mare, va matar a ganivetades el pare i va degollar els dos fills petits. A la casa també hi havia una filla de catorze anys que va aconseguir escapar.

A la porta de la comissaria hi ha un grup de curiosos i un equip de reporters de la televisió de Cuiabà. Tots volen veure els cadàvers. Un policia de panxa grossa i gest altiu, el mateix que vam conèixer el dia de la missa a la presó, s'encarrega d'impedir l'accés. Casaldàliga s'acosta i li pregunta per la matança. «Va ser ahir a la nit en una hisenda de Luciara prop de São Bento —diu amb veu monòtona i sense mirar-lo mai a la cara—. Era un boig perillós o estava borratxo, no ho sé. El cas és que va matar el pare i va degollar els dos nens. A la mare li va clavar un tret al cap, encara està viva i fa poc que l'han portada des d'aquí amb avioneta a l'hospital de Gurupi. L'única persona que podria explicar alguna cosa és la nena que va escapar, però està sota els efectes del xoc i encara no ha pogut dir res.» Casaldàliga escolta la història amb el rostre desencaixat, el recompon ràpidament i demana de veure els cadàvers. Per un moment intento imaginar la imatge terrible dels dos nens morts amb un tall al coll i sento com se'm fa un nus a l'estómac. «No és possible —diu el policia—; ja ha vingut el forense i se'ls ha emportat. No era un espectacle gens agradable de veure.» El policia ens confirma que l'assassí va fugir però que hi ha molta gent al seu darrere i confia que aviat l'agafaran.

En sortir de la comissaria confesso a Casaldàliga que no sé si m'hauria atrevit a contemplar els cadàvers. A Catalunya, com a molts altres països del primer món, la mort és una imatge freqüent a la televisió però poc habitual en la vida de cada dia. «Al primer món no solament us espanteu dels morts sinó que també us espanteu dels vells —em contesta amb contundència—, potser perquè són més propensos a la mort... És una falta de realisme, una mena de frivolitat... En canvi aquí, en un ambient que podríem definir com més primitiu es té molta més proximitat i connaturalitat amb la mort. Aquí la gent quan algú es mor fan sempre per manera de veure'l. I al mateix temps, és curiós també com encara està molt arrelada una certa por a les ànimes dels morts. Amb molta freqüència em demanen misses perquè a algú se li va aparèixer l'ànima de la iaia en un somni i li demanava una missa. Al tercer món hi ha aquesta connaturalitat amb la mort primerament perquè és molt freqüent i després perquè no hi ha manera d'amagar-la.»

Després de parlar amb el policia, Casaldàliga es dirigeix al grup de curiosos que s'aplega a la porta de la comissaria. No paren de donar voltes al crim. Intenten imaginar quin podria ser-ne el mòbil i descobrir la identitat de l'assassí. Tot són rumors i comentaris sense gaire fonament. Només els reporters de la televisió de Cuiabà, que han parlat amb gent de Luciara, semblen tenir informacions de primera mà. «L'assassí volia aprofitar-se de la noia de catorze anys —diu un d'ells—, el pare ho va voler impedir i va passar el que va passar.» Un dels curiosos afegeix: «Doncs jo he sentit a dir que va ser el pare qui va oferir la filla a l'assassí i després va canviar d'opinió i per això els va matar». La tertúlia deriva en un safareig en el qual tots fiquen cullerada. «Si ha creuat el riu i travessa l'Illa del Bananal aconseguirà fugir —em comenta Casaldàliga—; aquest és un país molt gran i si va cap a l'estat del Parà difícilment podran atrapar-lo. A més, si l'agafen no em vull ni imaginar el que la policia li farà. Desgraciadament, en aquests casos la tortura és una pràctica habitual...»

Un crim d'aquestes característiques és molt difícil d'entendre i d'acceptar. És l'horror en estat pur, sense cap lògica ni raó, però no sembla que sigui cap sorpresa per Casaldàliga ni per la gent de São Félix. Ells s'han hagut d'acostumar a conviure amb la desgràcia i la violència. És una paradoxa tètrica però es podria dir que la mort, en aquesta terra, és una experiència viva. Fins i tot és una paraula que s'ha de matisar i adjectivar per poder parlar amb precisió. Aquí si algú mor pregunten sempre si ha estat de mort *morrida o matada*, de mort morta o matada. «Jo sento de manera molt especial aquestes morts matades —diu Casaldàliga— aquestes morts abans d'hora. Sento la mort però no m'espanta. Potser el que et diré algú podria considerar-ho una mena de psicosi, no sé si Freud diria alguna cosa al respecte, però m'agrada tenir una certa familiaritat amb la mort. Jo sempre he estat familiaritzat amb la mort ja des de petit. Primerament perquè la mort és una gran realitat de la vida, és l'últim alt i fort moment de la vida; a més la mort és de tothom i a la llum de la mort em penso que la vida es veu diferent, perquè si tens una resposta a la mort tens sentit per a la vida.»

Les experiències que Casaldàliga ha viscut al Brasil li han donat, més que familiaritat, una autèntica intimitat amb la mort. La violència natural d'aquesta terra salvatge, les amenaces dels terratinents i la repressió del govern militar l'han acompanyat de manera constant durant els seus primers anys a la regió. Per un moment, la carniceria de Luciara li fa recordar altres situacions similars viscudes i directament relacionades amb la lluita per la terra en la qual tant s'ha implicat.

Durant la segona meitat de la dècada dels setanta, després

de la creació del CIMI i de la CPT, amb el record present del conflicte armat que van protagonitzar els *posseiros* de Santa Terezinha i amb la constància dels nombrosos documents pastorals que publicava la prelatura de São Félix, Casaldàliga s'havia convertit en un personatge extremament molest per a la dictadura militar. El govern havia intentat expulsar-lo del país en diverses ocasions: concretament li van obrir cinc processos d'expulsió, però la intercessió directa del papa Pau VI ho va impedir. Les amenaces es van tornar com més anava més insistents i més directes. Fins i tot un grup de terratinents es va atrevir a aparèixer públicament, amb noms i cognoms a la premsa, desitjant i demanant la mort de Casaldàliga.

El bisbe resultava molest tant pel que deia com pel que feia. Les seves denúncies de les irregularitats i il·legalitats que cometien els terratinents eren constants, però encara resultava més perillosa la feina que feia a través de la Comissió Pastoral de la Terra amb la creació d'agrupacions i sindicats camperols. Segons el sociòleg brasiler José de Souza Martins, la revolució militar del 64, que va donar origen a la dictadura que es va imposar al país durant vint anys, es va instaurar per protegir les oligarquies latifundistes i per impedir la modernització del camp a través dels camperols. Per aquest motiu Casaldàliga, per al govern militar, més que molest resultava perillós.

El 1976 va ser un any que convertiria en amargament reals les paraules que Tomàs Balduino va dir a Casaldàliga quan els indis els ungien amb l'urucum vermell: «marcats per la sang». La repressió de la dictadura es va aguditzar i les amenaces, dissortadament, van començar a complir-se. El dia quinze de juliol un grup de terratinents armats va atacar Meruri, un poblat de la tribu dels bororo i va matar l'indi Simão Cristino i el missioner Rodolfo Lunkenbein, un salesià de trenta-set anys amic de Casaldàliga. La FUNAI, l'organisme governamental de protecció a l'indi, havia acabat el procés de demarcació de la terra dels bororo. La reserva indígena que s'acabava de crear era una terra cobejada pels grans propietaris que tenien interessos a la zona. Atacar els bororo i matar el missioner era una manera d'espantar els indis i aconseguir la terra que volien. Els terratinents van actuar amb total impunitat perquè la complicitat dels sectors més intransigents del govern militar els protegia.

La mort de Rodolfo va ser un cop dur i dolorós per a Casaldàliga, però al mateix temps era un motiu d'orgull perquè li permetia sentir de prop tota «la grandesa del martiri». «Abans els cristians —aclareix Casaldàliga—, els catòlics, només consideràvem màrtirs aquells que donaven la vida per una article de fe, per un dogma. Avui considerem màrtirs també aquells que donen la vida per una causa del Regne de Déu. Hem eixamplat el concepte de màrtir, perquè, al capdavall, és més important el Regne de Déu que qualsevol dels dogmes per separat, ¿oi?» Ell té una autèntica veneració i també una profunda vocació pel martiri. «Sóc fill de sang màrtir», repeteix moltes vegades, recordant l'oncle que van matar a la guerra, i potser també per tots aquells jocs infantils i totes les històries dels màrtirs de l'Església que tant el van influenciar durant la seva joventut. La passió que sent pel martiri és un sentiment que em resulta extremament difícil d'entendre perquè arriba fins a l'extrem de demanar-lo per a ell mateix. Durant aquests anys viscuts al Mato Grosso ho ha demanat sovint i de vegades amb insistència: «Aquests dies em sento acariciat per l'Esperit —escrivia aquells dies en el seu diari personal—. Abans-d'ahir vaig demanar especialment —i serà una petició normal d'ara endavant— la caritat, el testimoni de vida i de paraula, la contemplació i el martiri».

També en el seu diari, fent referència a la mort de Rodolfo, escriu: «Aquell mateix dia 15 jo havia escrit una carta al pare Rodolfo i al seu company, el bon pare Ochoa, col·locant en majúscules el nom de RODOLFO, per una distracció inconscient que havia de ser profètica. Aquell home, alemany, generós, alt de cos i d'esperit, net en els seus ulls blaus d'infant i obert sempre al somriure, anava a segellar, el primer, els compromisos adquirits en l'assemblea missionera indigenista que vam celebrar a Goiânia. El missioner ja no mor "matat" per l'indi, com en les històries antigues, sinó que mor per l'indi».

No serà aquesta la primera vegada que Casaldàliga pressenti una mort. També ho va fer quan va morir la seva mare, alguns anys més tard de la mort de Rodolfo, el 1983. «És una sensació que he tingut sovint, de vegades he sentit que passava alguna cosa als agents de la pastoral —em confessa—; és una sensació estranya que em porta al cap el pensament d'algú i estic tot el dia pensant. Aleshores m'arriba una carta o una trucada i em diuen que a aquella persona li ha passat això o allò... La veritat és que no passa d'aquí, és una telepatia modesta, però el cert és que la tinc. Suposo que deu ser la sensibilitat de poeta...» La telepatia poètica de Casaldàliga li va fer pressentir la mort de la seva mare, una mort que va haver de viure en la distància perquè no podia córrer el risc de sortir del país. Les altres morts que havien de venir, morts pressentides i sentides, gairebé les va poder tocar.

El funeral per Rodolfo i l'indi Simão va ser molt emocionant. Casaldàliga va celebrar la missa al poblat bororo enmig d'un ambient carregat de tensió i ràbia. «Vaig posar tota la meva ànima en aquella missa —escriu en el seu diari—, paraula. Vaig entregar al cacic Eugeni el rem-bàcul de pau-brasil que els indis tapirapè m'havien ofrenat en la meva consagració episcopal. Amb això donava als màrtirs i als bororo el millor tresor que tenia.»

Després de la matança de Meruri a la regió es respirava un

perillós clima d'impunitat. A començaments del mes d'octubre, poques setmanes després de l'assassinat de Rodolfo i Simão, es va celebrar a l'aldea tapirapè la trobada indigenista que cada any s'organitza amb l'objectiu de reunir totes les persones que treballen al costat dels indis a la prelatura de São Félix. A aquestes reunions era costum convidar alguns missioners de les regions veïnes i per això aquella vegada hi va assistir el pare João Bosco, un jesuïta de Diamantino. «Va ser una trobada excepcional —recorda Casaldàliga—; l'última nit vam estar xerrant fins a la matinada amb els homes tapirapè estirats sobre estores de palla a la llum de la lluna. Normalment ens hauríem reunit dins la *takana*, la gran casa comunitària de la tribu, però aquell any s'havia mort la persona que l'havia construïda i els tapirapè la van cremar en una mena d'homenatge pòstum.»

Després de la trobada al poblat tapirapè, João Bosco va acceptar la invitació per acompanyar Casaldàliga en una visita pastoral que havia de fer als pobles de la prelatura. Van viatjar a Riberão Bonito, un llogarret de poc més de mil habitants situat a tres-cents quilòmetres al sud de São Félix que el 12 d'octubre celebrava la festa de la patrona, Nossa Senhora Aparecida. S'havia de construir una església i Casaldàliga hi va anar per donar inici a les obres. Quan van arribar a Riberão Bonito van trobar un poble dominat pel terror i commocionat per un assassinat. Feia uns dies que algú havia matat el soldat Félix, un policia militar que estava destinat al poble des de feia cinc anys i que en aquest espai de temps s'havia guanyat una fama temible per la seva brutalitat. Casaldàliga i João Bosco van trobar un poble ocupat per la policia militar. El gran desplegament tenia com a objectiu interrogar els veïns per descobrir qui havia matat el policia Félix. Van utilitzar tota la força que estava al seu abast sense cap mena de fre ni mirament.

Van arribar-hi a primera hora de la tarda. A la comissaria estaven interrogant Donya Margarida i Donya Santana, la germana i la nora d'un camperol que la policia considerava sospitoses de l'assassinat d'en Félix i que s'havien amagat a la selva fugint de la persecució. La gent de Riberão va demanar a Casaldàliga que anés a interessar-se per elles, ja que feia més de vint-i-quatre hores que estaven detingudes i tenien la seguretat que les estaven torturant. João Bosco es va oferir per acompanyar-lo. Hi van anar quan començava a fer-se fosc. La comissaria on estaven detingudes les dones era un edifici petit envoltat d'una tanca de filferro i vigilat per un policia. Des de fora se sentien els crits de dolor de Donya Margarida i Donya Santana. La imatge que oferien i que van poder veure a través de la porta oberta de la comissaria era dantesca: tenien a la cara les marques dels cops que els havien donat, estaven de genolls amb els braços en creu i unes agulles sota les ungles de les mans. Feia un dia que no els havien donat res de menjar ni de beure... Abans que Casaldàliga i João Bosco demanessin al vigilant de poder entrar va arribar la camioneta de «Bracinho», el cap de la policia de Riberão, conduïda pel seu fill Genivaldo, de dotze anys. Ràpidament van baixar del vehicle dos caporals de l'exèrcit, Juraci i Messías, i dos soldats, un dels quals era Ezy Ramalho.

«Com que els militars no eren de la regió, João Bosco i Casaldàliga es van haver de presentar, i aquest els va precisar que el bisbe de São Félix era ell, ja que l'aspecte exterior dels dos religiosos podria haver donat lloc a confusions: mentre que en Bosco era deu anys més gran i anava més ben vestit que en Casaldàliga, aquest, com és habitual, només duia uns pantalons, una camisa i unes espardenyes.»

Van creuar quatre frases. Després va ser tot molt ràpid: els militars van començar a insultar-los i a amenaçar-los, mentre João Bosco els deia que pensava denunciar als seus superiors les brutalitats que estaven practicant amb aquelles dones. Aleshores el soldat Ezy Ramalho va fer un salt, es va plantar davant d'ell i li va etzibar una bufetada fortíssima que li va fer girar violentament la cara. Casaldàliga va agafar pel braç el seu company per intentar marxar d'aquell lloc però no en va tenir temps. Uns segons més tard Ezy Ramalho, amb els ulls encesos per una ràbia incomprensible, es va treure la pistola i va donar un cop amb la culata a en Bosco. Mentre aquest trontollava i abans que tingués temps de caure a terra, li va col·locar el canó a un metre del cap i li va descarregar un tret. «Sense un ai —escriu Casaldàliga en el seu diari—, el màrtir, el màrtir, sí, va caure aplomat; vaig pensar que estava mort. L'aire es va congelar, i també la nit. Em vaig inclinar sobre el ferit, el vaig cridar i em va respondre. El caporal Juraci va comentar, tal vegada alleujat, tal vegada irresponsablement: "Va ser un tret només per espantar-lo..."»

João Bosco encara respirava i Casaldàliga va demanar als militars que l'ajudessin a transportar-lo al petit dispensari que feia pocs mesos que la prelatura havia construït a Riberão. El caporal Juraci i l'altre soldat van pujar-lo a la mateixa camioneta amb què havien vingut i el jove Genivaldo va conduir fins al dispensari. Luís i Beatriz, un metge i una monja que treballen en l'equip que la prelatura té al poble, van confirmar que l'estat del ferit era d'extrema gravetat: en la primera neteja que van fer de la ferida van comprovar que hi havia pèrdua de massa encefàlica. L'havien de portar ràpidament a un hospital si volien tenir alguna esperança però això era un problema perquè Riberão és a més de quinze hores de carretera de l'hospital més proper i, en l'estat en què es trobava, el ferit no aguantaria un viatge tan llarg a través de pistes sense asfaltar. Calia trobar una avioneta, però no era fàcil i a més era de nit i els avions petits només poden volar amb llum de dia.

Va ser una nit d'agonia. João Bosco va passar les primeres hores amb plena consciència. Casaldàliga estava al seu costat i recorda com intentava parlar, com es va lamentar de no haver pres nota de totes les coses que havien comentat a la *takana* amb els indis tapirapè uns dies enrere i com li va administrar l'extrema unció en llatí. La seva última frase intel·ligible va ser : «Dom Pedro, hem acabat la nostra feina!». Eren les deu de la nit. Mentre João Bosco entrava en coma va arribar la notícia que una avioneta de la companyia Táxi Aéreo Goiás havia pernoctat en una hisenda prop de Riberão. Van carregar João Bosco en una camioneta, van enfilar la carretera del Xingú i després de quatre hores de camí i d'incertesa van arribar a la hisenda. Durant el recorregut el ferit va amarar de sang dos matalassos. Quan van arribar eren les dues de la matinada, massa aviat perquè l'avioneta pogués enlairar-se. Van haver d'esperar fins a les cinc de la matinada; aleshores amb els llums de la camioneta i d'altres dos cotxes que hi havia a la finca van il·luminar com van poder la pista i l'avioneta va envolar-se en direcció a l'hospital de Goiânia. «Quan ens vam enlairar, —recorda Casaldàliga— el pilot em va mirar estranyat i em va preguntar: "vostè és el bisbe de São Félix, ¿oi?". Jo li vaig respondre que sí, però ell va insistir: "¿segur que ho és?". Vaig tornar a contestar afirmativament i aleshores em va justificar la seva estranyesa. Feia pocs dies que amb aquell mateix avió havia portat una gent que li havia confessat que em buscava per matar-me.» Casaldàliga somriu alleujat en recordar aquesta anècdota, però canvia ràpidament l'expressió del rostre quan recorda el que va passar a continuació. No van poder fer-hi res. João Bosco va morir unes hores després d'arribar a Goiânia.

Casaldàliga fa un llarg silenci i mira a terra com si tingués els ulls clavats en el racó de la memòria que encara està amarat de la sang de João Bosco. «De vegades tinc la sensació que estic vivint de propina —em diu—, perquè he escapat de la mort moltes vegades i potser perquè João Bosco va morir en lloc meu. Davant d'aquestes situacions, davant de les amenaces de mort, estic tranquil perquè al capdavall em trobo envoltat de molta gent que també està amenaçada. Diuen els nostres teòlegs de l'alliberament que el contrari de la fe no és el dubte, sinó la por. El perill és tenir por de la por. A més, jo sé perfectament per què m'amenacen, i sé que les causes a les quals dono suport són més importants que la mateixa mort que pugui venir. Sempre he pensat que seria una mort digna i una mort així honora tota una vida. És el que deia en un poema el premi Nobel Octavio Paz: "Su muerte es un monumento de sí mismo". És una manera de dir que si no ho fem bé de cara a la vida, fem-ho bé de cara a la mort. Potser és perquè ho he viscut molt des de petit, i encara que algú pugui dir que és masoquisme, jo penso que no estic demanant la mort per la mort, sinó per la causa i per les causes. És una manera expeditiva de dir que si no hem portat la vida amb aquella fidelitat amb què s'hauria d'haver portat, si, com a cristians, no ens hem anat santificant davant la vida, almenys santifiquem-nos de patacada davant la mort. Tal com dic en un dels meus escrits: Hem d'aprendre a morir la vida per aprendre a viure la mort.»

Franklin, el sacerdot jove que treballa en l'equip de Casaldàliga, interromp la conversa amb notícies de Luciara: la policia ha detingut un sospitós. «L'han agafat quan intentava fer *carona* —la *carona* que diu Franklin és com anomenen l'autoestop al Brasil—; estava a punt d'arribar al Posto da Mata, a l'encreuament amb la carretera de Cuiabà.» Franklin desconeix més detalls de la detenció, ja que pel que sembla la policia ha decidit portar el detingut a Luciara en lloc de traslladar-lo a la comissaria de São Félix.

A pesar del fet que avui la matança de Luciara és un tema de conversa gairebé únic entre la gent de São Félix, Casaldàliga, després d'escoltar les novetats de Franklin, segueix recordant el que va passar a Riberão Bonito després de la mort de João Bosco. Set dies després el poble de Riberão va voler celebrar, com és tradició al Brasil, el funeral pel difunt. Després de la missa van fer una processó que va acabar a les portes de la comissaria en la qual havien torturat les dues dones i on van disparar contra el sacerdot. Casaldàliga recorda els fets amb una satisfacció poc dissimulada. La gent de la processó va tirar a terra la comissaria i va aixecar una creu en memòria del difunt. Actualment, al costat d'aquesta creu s'alça l'església de Riberão amb un altar presidit per la camisa ensangonada de João Bosco.

La destrucció de la comissaria va enfurismar el govern militar. El president va fer saber a la Conferència Episcopal que si es demostrava la implicació de Casaldàliga en els fets ningú no en podria aturar l'expulsió. D'altra banda, el soldat Ezy Ramalho, el que havia disparat contra João Bosco, només va passar uns dies a la presó. «Fa uns tres anys vaig tornar a tenir notícies d'aquest Ezy Ramalho —diu Casaldàliga—: el capellà de Diamantino, la ciutat de João Bosco, em va explicar que estaven pintant l'església parroquial i tot conversant amb els pintors un d'ells li havia comentat que ell era aquell soldat que feia uns anys havia matat en João Bosco. L'Ezy Ramalho estava pintant l'església de Diamantino.»

El clima d'impunitat que afavoria el govern militar d'aquella època fa que Casaldàliga sentís com més anava més propera la perspectiva de la mort *matada.* Un dels poemes que escriví en aquells moments així ho certifica:

Jo moriré dempeus igual que els arbres,
em mataran dempeus.

Testimoni major, el sol imprimirà el seu lacre
sobre el meu cos ungit altra vegada
[...]
De cop, amb la mort,
es farà veritat la meva vida.
Per fi, hauré estimat!

Aquest no és l'únic poema en què Casaldàliga parla de la pròpia mort. És un tema constant en la seva obra, una passió que coneixen bé els seus millors amics, els que va fer durant l'etapa de director de la revista *Iris*, Teófilo Cabestrero i Maximino Cerezo Barredo. Teófilo i Maximino també han acabat fent de missioners a l'Amèrica Llatina i mantenen una relació molt estreta i de gran confiança amb Casaldàliga, tant que sovint li diuen, seriosament en to de broma, que la pitjor contrarietat que li podria enviar Déu és fer-lo morir vell i al llit, amb més de noranta anys i amb una gran tranquil·litat.

«Ara ja fa molts anys que no demano, així fortament, el martiri —afegeix Casaldàliga—. He arribat a la conclusió que Déu ja sap el que em convé.» Intento comprendre aquesta vocació de màrtir que té Casaldàliga, però em resulta molt difícil. Potser per això insisteix a aclarir-me'n el concepte: «Quan la mort no és simplement una mort morta o matada, sinó que és una mort viscuda, una mort donada, com ho és la dels màrtirs, aleshores és encisadora. I ho és perquè només és capaç de donar la mort aquell que és capaç d'anar donant la vida i donar-la amb sentit». L'escolto intentant buscar un punt de connexió amb la realitat quotidiana del món del qual provinc i em continua resultant difícil. «Em sembla que podria ofendre molta gent si digués el que penso del vostre primer món —afirma amb rotunditat, com si volgués sacsejar la meva perplexitat—. El primer món com més va és més inhumà, més cínic i més egoista. N'ha vist de tants colors que s'ha inventat aquest concepte de la postmodernitat que em fa molta gràcia. Em sembla que un dels principals problemes d'aquesta postmodernitat és trobar un sentit a la vida. Aleshores, si el primer món ha perdut les raons per viure, si no sap trobar el sentit de la vida, ¿com vols que tingui raons per morir?»

Franklin torna a interrompre la conversa. Hi ha més novetats de Luciara. Acaba de saber que un grup de veïns del poble plens de ràbia i desig de venjança ha assaltat la comissaria i ha linxat el sospitós que estava detingut acusat de ser l'autor de la matança. L'han matat a cops i a ganivetades. Franklin sap per boca d'un testimoni que el detingut no cridava ni deia res. Ha mort quan li han aixafat el cap amb un tronc. Després l'han embolicat en un plàstic i l'han enterrat al cementiri, on ja tenia reservat un forat. Casaldàliga escolta la història esgarrifat. No és la primera vegada que es produeix un linxament d'aquestes característiques a la regió. Fa quatre anys se'n va viure un altre de similar a São Félix. Això no obstant, la notícia li provoca una emoció que fins aquest moment no havia vist en ell de manera tan nítida: «Déu, a la paràbola de Caïm —sentencia amb gravetat—, després que ell hagués matat el seu germà Abel, diu que aquell que toqui Caïm serà castigat set vegades més». Mentre ho diu al seu rostre es dibuixa amb claredat tot l'horror d'aquest crim.

IX

LA PÀTRIA GRAN

Als carrers de Luciara es percep una estranya sensació de tranquil·litat i placidesa. La gent fa la tertúlia asseguda davant els portals de les cases i a la plaça del poble un grup de nens juga al «Bumba-meu-boi», un joc típic de la regió en el qual un noi es disfressa de bou i empaita els altres al so d'una cançó monòtona i repetitiva. Recorda l'ambient que es respirava anys enrere a qualsevol poble petit de Catalunya. Ningú no diria que fa tan sols unes hores els seus habitants han estat testimonis d'un crim terrible. Casaldàliga vol estar prop de la gent de Luciara en un moment com aquest, per això ha decidit desplaçar-se des de São Félix —són només dues hores de viatge pel riu— i passar un temps aquí.

La primera cosa que vam fer en arribar a Luciara va ser anar a casa del diaca, Zecão. A la prelatura no hi ha prou sacerdots i en molts casos han de ser els seglars els encarregats dels serveis religiosos. L'arribada de Casaldàliga és celebrada com un gran esdeveniment entre la família del diaca. En Zecão està casat amb la Rita i tenen tres fills; el més petit dels quals, en Mateus, té només quatre anys i és el que mostra una excitació més gran per la visita del bisbe. «És que sóc el seu padrí», m'aclareix Casaldàliga sense poder reprimir l'orgull. Ràpidament Zecão ens posa al corrent de la situació mentre

Casaldàliga escolta amb tota l'atenció que li permet en Mateus, que des que ha arribat no es mou dels seus genolls: «Sembla que la policia no ha fet gaire cosa per impedir el linxament i que algun regidor de l'Ajuntament hi ha estat implicat». En Zecão no ha estat testimoni del linxament però n'ha recollit tota la informació que ha pogut, cosa que no ha estat fàcil perquè la gent no en vol parlar. «Fa unes hores m'he trobat amb un noi del poble —diu Zecão—, l'he saludat i mentre li tenia agafada la mà li he dit: suposo que no estic estrenyent una mà tacada de sang. S'ha posat pàl·lid i m'ha dit mig tremolant que no, que ell no hi tenia res a veure. A Luciara la gent està commocionada amb tot això.»

Zecão és un home gras i vermell de cara, molt simpàtic i extravertit i que sempre parla en veu alta. Quan ha explicat l'anècdota de la mà tacada de sang ho ha fet llençant una mirada desafiadora enlaire i alçant encara més la veu perquè el poguessin sentir els veïns. Insisteix a ensenyar-nos la comissaria, el lloc on s'ha produït el linxament, per certificar que no hi ha cap senyal de violència i demostrar per tant que ningú no ha forçat l'entrada. Durant el camí aprofita per insistir en la vergonya i en la desesperació que li produeix aquest crim i ho continua fent en veu ostentosament alta perquè se n'assabenti tothom. Això no obstant, ningú no es dona per al·ludit. L'edifici de la comissaria sembla buit, no es veu cap indici que faci pensar que hi ha algú a dintre. «Doncs ara mateix hi ha dos agents amagats», afirma convençut en Zecão. Dit això, ens torna a explicar amb gran luxe de detalls com s'ha produït el linxament i aquesta vegada ho fa gairebé a crits perquè l'escoltin els policies. L'única frase en veu baixa la diu dirigint-se a nosaltres: «Vull que siguin conscients que sabem el que han fet i que tinguin la por ficada al cos».

L'actitud decidida de Zecão i Casaldàliga davant les portes de la comissaria de Luciara demostra una gran confiança i seguretat en ells mateixos. Fa anys que al Brasil ha caigut la dictadura militar i la gent de la prelatura ara té una força que abans no tenia. A pesar de les moltes impunitats i arbitrarietats que encara imperen a la regió del Mato Grosso, no és el mateix cridar avui davant les portes de la comissaria de Luciara que a finals de l'any 76 intentar acostar-se a la policia de Riberão per intercedir en favor de dues dones a les quals estaven torturant. Encara que es tracti de dues situacions allunyades en el temps i en l'espai, no puc treure'm del cap la comparació amb els fets que van provocar la mort de João Bosco. No sé si Casaldàliga haurà fet la mateixa associació que jo, tal vegada aquella mort no té res a veure amb la situació que viu ara, però de cap manera no és una història llunyana. João Bosco és una presència constant en la vida de Casaldàliga. Estic convençut que pensa en ell cada dia. Ho sé.

Poc temps després dels assassinats de Rodolfo i João Bosco, al mes de febrer del 1977 es va celebrar a Itaici, prop de São Paulo, l'assemblea anual dels bisbes brasilers. Evidentment la mort dels dos sacerdots va marcar la reunió, però no ho va fer de la manera que hauria volgut Casaldàliga. La Conferència Nacional dels Bisbes Brasilers es caracteritzava en aquella època pel seu esperit progressista; molts d'aquells bisbes estaven compromesos, i encara ho estan actualment, amb la teologia de l'alliberament. Però això no vol dir que tothom pensés de la mateixa manera: un sector minoritari de l'episcopat tenia una actitud molt crítica davant del que anomenaven una infiltració de comunistes dins l'Església. Geraldo Sigaud, l'arquebisbe de Diamantina, era la personalitat més destacada del grup de bisbes conservadors.

Sigaud, en aquella reunió, es va enfrontar directament amb Casaldàliga, a qui acusava de posar en perill les relacions entre l'Església i l'Estat al país, d'anar contra la propietat privada, d'utilitzar el CIMI per revoltar els indígenes i, el que era més greu, de ser el responsable directe de les morts de Rodolfo i João Bosco. L'enfrontament va provocar una tensió poc habitual en una reunió d'aquestes característiques i va tenir conseqüències. Sigaud va redactar un informe on aportava totes les proves que tenia per sustentar les acusacions contra Casaldàliga i el va lliurar al nunci apostòlic perquè el fes arribar a la Santa Seu. Sense fer cas de la recomanació explícita del president de la conferència episcopal brasilera de no fer pública la seva denúncia a través dels mitjans de comunicació, el 26 de febrer de 1977 el *Jornal do Brasil* publicava la notícia «Un bisbe denuncia focus comunistes dins l'Església», on Sigaud declarava: «les idees de dom Pere Casaldàliga, que titlla els propietaris de porcs grassos i els latifundistes de lladres, a més de considerar les tanques com una maledicció, són de persona que participa en la invasió comunista del país». La referència a les tanques i als porcs grassos està extreta d'un poema de *Terra Nostra, Llibertat*. El pròleg del llibre el va escriure Ernesto Cardenal i això va ser un altre fet criticable i també un altre motiu d'enuig per Sigaud. Per entendre per què no li van agradar ni el llibre ni el pròleg, només cal recollir un fragment del poema que porta el mateix títol del llibre.

Maleïdes les vostres closes,
bandarres,
malparits de la Mare Terra!
Maleïdes les closes
en què us acorraleu
per criar panxa com porcs llardosos,
i us encercleu amb títols i filferro
per exclore els germans
—i llurs fills i llurs morts!—
del Dret de la terra i del Treball...

Maleïts,
que us tanqueu
fora de Déu!

Casaldàliga somriu quan recorda els problemes que va tenir per la publicació d'aquest llibre: «El Cardenal Baggio va dir a Helder Càmara —recorda— que jo havia publicat un llibre herètic i eròtic». També somriu quan li trec el nom de Sigaud, però no sembla que el consideri un enemic. «Fa poc li vaig escriure per felicitar-lo pel seu aniversari —diu—; li he escrit més d'una vegada i ell sempre m'ha contestat... Ell deia que jo era comunista, que estava contra la propietat privada —això últim en certa manera és veritat perquè jo contesto la propietat privada en la mesura que és privatista i privadora. El que passava és que ell defensava la gloriosa revolució militar que imperava en aquell moment al Brasil i que ens estava alliberant del comunisme. Deien... Ell també deia que jo parlava massa a la premsa i que parlava de tot i en tot m'hi ficava. Això passava perquè els periodistes són molt tafaners i perquè jo he tingut sempre aquesta inquietud que deia el poeta clàssic: "Humani nil a me alienum puto", res del que és humà m'és aliè, tot el que és humà em toca.»

La denúncia de Sigaud va tenir com a conseqüència un nou intent d'expulsió del país. En un diari de l'època, *O Estado de São Paulo*, Casaldàliga va declarar al respecte: «Solament mort en sortiré. I si això s'esdevingués no té gens d'importància car ningú no mata l'Evangeli, ningú no mata un poble...». Sobre les acusacions que el responsabilitzaven de les morts de João Bosco i Rodolfo afegia amb contundència: «Crist fou el responsable de la mort de tots els màrtirs i jo, particularment, estaria content de tenir un final com el dels dos Pares. Trobo que moriria per la causa que sempre he defensat».

Casaldàliga va haver d'escriure un ampli document de contesta a les acusacions de Sigaud per enviar-lo a la premsa i també a les autoritats eclesiàstiques: «Com a persona, com cristià i àdhuc com a bisbe —escrivia—, tinc l'obligació de conèixer el marxisme per tal de poder-lo criticar i fins i tot xopar-lo d'humanisme [...]. Alguns s'estranyen que un bisbe com jo escrigui versos. Malauradament ningú no troba estrany que un bisbe lligat més de prop amb els grans, els influents i ministres, pugui prendre whisky amb ells. Tots els profetes van ser poetes, i si anéssim a eliminar versets subversius de la Bíblia en suprimiríem una bona part».

Les acusacions de Sigaud no van tenir cap resultat greu: una vegada més l'expulsió va ser només una amenaça i el Vaticà va continuar donant suport a Casaldàliga, després que ell i Tomàs Balduino escrivissin una carta a Pau VI aclarint la seva posició i distanciant-se de les acusacions que havien rebut. Fins i tot Sigaud va haver de matisar algunes de les crítiques que havia fet i va rectificar la petició d'expulsió del país. «No sé si entendràs el que et vull dir —em diu Casaldàliga en un intent de recuperar tots els sentiments positius que generava la tensió viscuda aquells anys—, però vivíem engrescats en la lluita. Ens dèiem: ¿Hi som? Doncs som-hi! ¿Un altre enemic? Doncs anem-hi, vinga! ¿Que el foc ens ve de dins la mateixa Església? Doncs acceptem-ho i responguem-hi! Suposo que és el fet que t'enforteixes davant les dificultats i aleshores les circumstàncies ajuden, ha de ser el mateix que els passa als soldats quan estan en una guerra. Ha de ser cosa de la guerra, tot i que la nostra era un altre tipus de guerra, sense armes... Recordo que en Canuto, el sacerdot de Santa Terezinha, quan travessàvem algun moment de pau i tranquil·litat, es queixava perquè era molt avorrit. No pensis ara que era masoquisme ni cinisme, simplement és una mostra de l'entusiasme amb què vivíem aquell temps. Sentíem la solidaritat de molta gent de l'Amèrica Llatina i en certa manera ens sentíem protagonistes, i això de ser protagonista no deixa de ser divertit. No sé fins a quin punt hi podia haver un punt de vanitat en aquell sentiment però, en el bon sentit de la paraula, et dic que de perduts al riu, i el riu era la causa i allà estàvem per nedar i avançar, no per ofegar-nos.»

Els temps han canviat. La prelatura de São Félix i el seu bisbe ja no ocupen les portades dels diaris del Brasil. La dictadura militar es va acabar i per tant la lluita contra la repressió que encapçalava Casaldàliga ja no està en la primera línia de l'interès informatiu. Casaldàliga continua encara sent una figura popular al país i les seves activitats i intervencions tenen ressò, però últimament els noticiaris nacionals només s'interessen per aquest racó perdut de la selva quan es produeixen successos com el que acaba de commocionar la gent de Luciara.

Passem la nit a casa de Zecão. Casaldàliga, en el temps que li deixen lliure els jocs del petit Mateus, aprofita l'oportunitat per veure les notícies. A casa no té televisor i quan surt fora s'empassa tots els noticiaris televisius que pot. En veu tres de seguits de tres cadenes diferents. Tots parlen del mateix, de la crisi econòmica que travessa el país, dels fraus descoberts amb els medicaments que es venen a les farmàcies de les grans ciutats del Brasil, de la selecció de futbol i del linxament de Luciara. Casaldàliga s'interessa tres vegades per tot. Finalment, el noticiari de Rede Record aporta noves dades. Tenen imatges dels fets però són confuses i no permeten reconèixer la identitat dels participants. «Aquesta vegada l'han fet molt grossa —afirma Zecão—; després d'haver sortit a la televisió en el Jornal Nacional aquest crim no pot quedar impune com tantes vegades ha passat...» Casaldàliga fa que sí amb el cap però em sembla que en el fons no acaba de creure que el desig de Zecão es pugui arribar a complir algun dia.

L'endemà sortim d'hora per fer una visita als camperols de São Bento, una zona de *posseiros* i petits propietaris instal·lats a dos quilòmetres de Luciara. És al costat de la hisenda on es va produir el primer crim, en el qual van morir el pare i els dos fills. São Bento, com la majoria de colònies de *posseiros*, és un grup de petites granges disperses, sense electricitat ni aigua corrent; de fet no tenen cap servei que no puguin obtenir ells mateixos directament de la naturalesa. Tots viuen de la mateixa manera, en unes cabanes rudimentàries fetes de troncs i fang i amb el sostre de fulles de palmera que tenen al costat un hort desordenat, quatre porcs negres i petits, unes gallines, alguna vaca i un parell d'animals de tir. Casaldàliga va casa per casa saludant la gent. Els trobem a tots fent el mateix. És el temps de torrar la farina de mandioca, un ingredient bàsic de la dieta diària d'aquesta gent, i totes les granges tenen un cobert amb un espai destinat a aquesta feina on hi està ocupada tota la família.

Passem al matí anant d'una casa a l'altra. Els camperols reben la visita de Casaldàliga amb una barreja de sorpresa i de reverència. «No és molt habitual que un bisbe et vingui a veure a casa —diu Inés, la dona d'una de les granges—; quan ho explico als meus familiars del Maranhão no s'ho acaben de creure, però el cert és que dom Pedro ha vingut a casa moltes vegades.» En totes les visites es repeteix la mateixa situació: Casaldàliga s'interessa per la família, per la feina i immediatament ell o Zecão treuen a la conversa el tema de la matança i del linxament. «Si el primer crim va ser horrible l'altre encara ho ha estat més.» És una frase que gairebé reciten en cada una de les cases. Els camperols els escolten amb gest d'espant i gravetat. No crec que cap de les persones que visitem tingui res a veure amb els fets que han passat a Luciara, però em sembla que gairebé tots se'n senten culpables. No hi ha motius, però s'hi senten.

La majoria dels *posseiros* de São Bento són gent del nord que va arribar al Mato Grosso fugint de la fam i la sequera, però últimament en aquesta zona també s'hi han instal·lat alguns petits propietaris que vénen dels estats del sud, històricament els més benestants del Brasil. Se'ls coneix amb el nom de *gautxos* i són descendents d'alemanys i italians. Titas i la seva família són *gautxos*, van arribar aquí fa nou anys provinents de l'estat de Santa Catarina. En aquest espai de temps han invertit els estalvis per comprar terra i bestiar, han construït una casa gran i sòlida, han fet un petit estany per recollir l'aigua de la pluja i fins i tot tenen un petit motor que els dóna electricitat unes hores al dia. Titas, que s'ha convertit en un dels líders més respectats de la comunitat, és molt amic de Zecão i col·labora amb ell en el manteniment dels serveis religiosos a São Bento. Tots dos han preparat un àpat suculent per donar la benvinguda a Casaldàliga: amanida alemanya i *galinhada*, una mena d'arròs a la cassola típic d'aquesta regió. L'ombra del crim també està present en el dinar. Després de comentar les visites fetes al llarg del matí, Titas ens diu que no creu que cap dels camperols de São Bento hi estigués implicat, que la família assassinada feia poc temps que s'havia instal·lat a la hisenda i que no n'està segur, però creu que un parell de dies abans dels fets es va trobar prop de casa seva amb l'assassí, que anava begut i feia l'aspecte d'estar mig boig.

Seguim la conversa al porxo. És un espai ampli, confortable i tranquil. La casa de Titas està feta de maons i no té cap luxe però no s'assembla gens a les dels seus veïns. De fet, en tota la regió, les diferències entre els del nord i els *gautxos* són notables, i no només per l'origen o el color de la pell

—la majoria dels del nord són negres o mulats—, sinó principalment perquè els nordestins van arribar sense res, amb un mà al darrere i una altra al davant mentre que la gent del sud va venir amb estalvis per invertir. Molts són fills de famílies camperoles minifundistes que abans de dividir la terra preferien fundar una nova explotació. Des de començaments dels anys 80 el Mato Grosso s'ha convertit en la terra promesa per a molts d'aquests gautxos, perquè pel preu d'una hectàrea en el sud aquí en poden comprar un centenar. Titas, com tants altres gautxos, ha invertit tots els estalvis i s'ha endeutat per construir el futur de la seva família enmig de la selva, enmig d'una terra que encara no coneix prou bé i que cada any li reserva una nova sorpresa: «La sequera d'aquest any ha estat brutal —diu—, volíem reparar el sostre de la casa però amb prou feines tindrem prou per pagar els deutes». Zecão diu que no n'hi ha per tant i allunya el dramatisme explicant un acudit de *gautxos*: «Era el dia de Tots Sants i la dona d'un *gautxo* va a la porta del Banc del Brasil a posar una espelmeta. El porter l'atura i li diu que les espelmetes s'han d'anar a posar al cementiri. Ella contesta ràpidament: "ja ho sé, però és aquí on jo tinc enterrat el meu marit".» Les rialles omplen el porxo i sembla que allunyin el record de la tragèdia que ha estat present durant tot el dia.

L'arribada dels gautxos ha estat un element que ha contribuït a la transformació viscuda per la regió a partir de la dècada dels vuitanta i ha servit per canviar el perfil de la gent de la prelatura. Casaldàliga va ser molt sensible davant el nou equilibri que suposava l'arribada d'aquesta nova immigració qualificada i es va plantejar la seva integració com una prioritat. «L'estimació pel sud els acompanya, però la vida s'imposa i estan disposats a viure-la amb decisió —escrivia en el seu diari a finals de l'any 81, després de visitar una colònia de *gautxos* que s'acabava d'instal·lar a Vila Rica—. Ara tenen dues-centes, quatre-centes hectàrees. La terra del sud ja no servia per a les famílies nombroses ofegades pel minifundi. Emigrar era la sort, l'herència secular. Crec que aquesta serà una comunitat florent si ens aconseguim renovar amb tacte i exigim a aquests meridionals una mica més de compromís també en la causa sociopolítica.» Abans dels *gautxos* i del creixement econòmic que han provocat, a la regió només hi havia indis, *posseiros*, peons i terratinents. Només dos bàndols. Ara hi ha una classe mitjana incipient que formen els petits propietaris i els comerciants. Aquest món ja no és tan simple com fa trenta anys, ara la realitat té molts més matisos. «Per exemple, m'he hagut d'acostumar a les tanques — em diu Casaldàliga amb resignació—; jo que abans les maleïa ara resulta que n'hi ha pertot arreu. Abans només les posaven els terratinents, però ara també les instal·len els petits propietaris com en Titas i fins i tot els *posseiros*.»

La dècada dels vuitanta va ser un temps de canvis a la regió de São Félix. La diversificació social, la modernització i, el que és més important, la fi de la dictadura militar l'any 1985, van ser fets decisius. Els problemes i els conflictes continuaven existint, perquè les desigualtats no es van acabar ni s'han acabat encara, però la intensitat començava a disminuir. Fent servir l'expressió de Canuto, la vida es començava a tornar una mica més avorrida. Els últims anys de la dictadura no van ser tan crus com els viscuts durant la dècada dels setanta. Això no obstant, en aquesta època Casaldàliga va continuar rebent amenaces de mort i va tenir la sort de poder escapar d'un intent d'assassinat al maig del 1982 a Riberão Bonito, quan va ser assaltat pels dos fills d'un terratinent a qui havia denunciat repetidament a *Alvorada*, el butlletí que publica l'església de São Félix. A més, l'amenaça d'expulsió continuava planant sobre el seu cap. No podia viatjar a l'estranger: significava arriscar-se massa.

L'any 1983 va lamentar en dues ocasions aquesta limitació. En primer lloc, quan va haver de refusar una invitació de Tomàs Borge per visitar Nicaragua, un país amb el qual se sentia molt unit i que vivia un procés revolucionari apassionant que Casaldàliga seguia amb molt interès: «Nicaragua s'ha posat tan formosa —va escriure en el seu diari— que ens fa tremolar de gelosia. Que Déu la cuidi i que l'Església no la impedeixi». En la contesta que envia a Tomàs Borge agraint la invitació que no pot acceptar, Casaldàliga li diu: «He de viure aquí al Brasil totes les hores i tots els llocs de la nostra Amèrica Llatina».

Tampoc va poder sortir del Brasil per estar al costat de la seva mare en l'hora de la mort. El 2 de febrer de 1983 escrivia en el seu diari: «La mare ha mort. La mare està més viva que mai». Va ser una mort sentida i viscuda en la distància. «Parlo per telèfon amb els meus germans Josep, Carme i Maria —afegia—. Feia molt temps que no ens escoltàvem la veu. I els he sentit indefiniblement pròxims. Plens també d'esperança cristiana. Com si la mort de la mare ens hagués recollit una altra vegada a casa, retornant-nos a una infància madura que ja no s'ha de marcir mai.»

La dècada dels vuitanta confirma el lliurament definitiu de Casaldàliga a la causa llatinoamericana, a la Pàtria Gran, que és el nom amb què li agrada anomenar-la en els seus escrits. L'assassinat de l'arquebisbe Romero i la revolució de Nicaragua són dos esdeveniments concrets que l'empenyen a assumir un compromís llatinoamericà, però també influeix decisivament en el seu pensament i en el seu ànim el fet d'estar cada vegada més convençut que els problemes que tenen els camperols i els indis del Brasil són els mateixos que tenen els camperols i els indis dels diferents països d'Amèrica Llatina. Per això l'any 1985, quan tot just s'havia acabat la dictadura militar i el Brasil feia els primers passos tímids cap a la democràcia, Casaldàliga no va dubtar a acceptar una nova invitació per viatjar a Nicaragua.

Al juliol del 1985 el ministre d'afers estrangers de Nicaragua, el sacerdot Miguel d'Escoto, va iniciar una vaga de fam per cridar l'atenció del món i denunciar la intervenció dels Estats Units contra el règim sandinista. Casaldàliga va decidir anar a Managua per afegir-se a la vaga de fam. Vint-i-tres bisbes brasilers, dos pastors evangèlics i més de dues-centes entitats i personalitats del país van signar un comunicat escrit per Casaldàliga de solidaritat amb Nicaragua perquè, d'aquesta manera, donaven suport al viatge. «Com a llatinoamericà d'adopció i com a cristià i bisbe —deia en el comunicat— en nom de l'església de São Félix do Araguaia vaig a Nicaragua per unir-me en l'oració i el dejuni al pare Miguel d'Escoto i a la tensa vetlla del seu poble... Hi ha certs dimonis —diu el Senyor— que solament s'expulsen amb l'oració i el dejuni.»

«Em vaig sentir cridat —em diu Casaldàliga recordant les raons que el van portar a prendre aquella decisió—, vaig resar, vaig pensar i ho vaig consultar amb l'equip d'agents pastorals que tenia més a prop... Era la primera vegada que sortia, i em va semblar que per Nicaragua valia la pena trencar totes les prohibicions, riscos i incomprensions.» Però abans de marxar era imprescindible tenir un passaport i el de Casaldàliga feia anys que era un document inservible i caducat. Els ambaixadors d'Espanya i Nicaragua al Brasil li van facilitar els tràmits burocràtics. Casaldàliga recull en el seu diari un detall significatiu que el va impressionar: «L'àliga imperial hispànica ha marxat de l'escut desplaçada per una solemne corona reial. Als imperis sempre els toca el seu dia».

En una entrevista que va publicar *La Vanguardia* poc abans del seu viatge, Casaldàliga explica amb més precisió quins són els motius que el justifiquen: «Quan vaig arribar al

Brasil vaig fer-me el propòsit de no sortir-ne més. Ni tan sols vaig marxar quan va morir la meva mare a Catalunya. M'agradaria dir a totes les mares de Nicaragua, i sobretot a les que han perdut els seus fills, que jo, que no he anat a visitar la meva mare agonitzant, vinc a solidaritzar-me amb aquestes mares mortes —vuit havien estat assassinades pels contrarevolucionaris, quan duien menjar als seus fills— i amb les mares que han perdut els seus fills perquè les sento com a mares meves i desitjaria que elles m'acollissin com a fill seu».

Casaldàliga va arribar a Managua el vint-i-vuit de juliol. «Vaig arribar al vespre —recorda—, D'Escoto estava demacrat, portava quinze dies de dejuni, tenia la barba crescuda... Em va fer una abraçada emotivíssima i em va demanar que abans d'unir-me a la vaga de fam celebrés el funeral per les vuit mares i pels vint xicots que havien mort en els últims dies.»

La visita de Casaldàliga era molt important per als sandinistes. Nicaragua és un país profundament catòlic i la jerarquia eclesiàstica no tenia cap mena de simpatia pels revolucionaris. De fet, com ell mateix ha escrit en alguna ocasió intentant comprendre aquesta actitud, l'Església sempre ha tingut por del socialisme i no s'ha relacionat mai bé amb cap revolució. Històricament la jerarquia i la institució han estat més habituats a conviure amb el poder establert dels privilegiats. «En el meu cas, el fet de ser bisbe donava una gran significació pública a la meva presència —recorda Casaldàliga—, servia per donar suport a aquelles comunitats que estaven sent incompreses pels seus mateixos bisbes. Aquell viatge va ser una mena de consagració del que sentia, del que somiava, del que m'indignava... Amb una mica d'ironia, i perquè no fos dit que era un bisbe que volia substituir els bisbes de Nicaragua, em vaig declarar escolà de l'Amèrica Central, i t'he de dir que realment em sento escolà... No volia substituir ningú però em sentia amb el dret i amb l'obligació d'ajudar aquelles comunitats que volien viure una opció clara pels pobres i per l'alliberament i que estaven sent incompreses.»

Durant la seva estada al país, tot i que ho va intentar, no va poder parlar amb cap representant de la jerarquia eclesiàstica nicaragüenca: els va escriure i va manifestar la seva voluntat d'entrevistar-se amb ells, però l'única cosa que va aconseguir va ser que la conferència episcopal fes pública una nota de protesta perquè considerava que la seva visita contribuïa a la divisió de l'Església. «Després del que he vist a Nicaragua —escrivia en una de les seves cartes als amics de Catalunya— a través del contacte que he tingut amb les comunitats eclesials de base, puc afirmar que no he trobat ni un sol sacerdort, religiosa o catequista que volgués una església paral·lela enfrontada al ministeri episcopal. M'he sentit extraordinàriament ben rebut, i, a més, mai m'havia sentit tant brasiler com ara, perquè a tot arreu on em presentaven jo era el bisbe del Brasil.»

Una de les primeres activitats que Casaldàliga va fer en arribar a Nicaragua va ser el que li havia demanat D'Escoto, oficiar un funeral multitudinari en record dels últims morts de la guerra. Va ser una experiència que el va impressionar i que va quedar gravada per sempre més en la seva memòria. Un grup de mares el va envoltar, quasi aclaparar, demanant-li benediccions per als seus fills morts, i sentia com insistentment, constantment, li donaven les gràcies per la seva presència. «Va ser una missa a l'aire lliure —recorda—; tenia més de vint fèretres davant meu... Em vaig emocionar molt quan es van posar a cantar una cançó d'un religiós espanyol que es diu "La barca". L'havia escoltat moltes vegades i fins aquell moment em semblava una més entre tantes. Però aquell grup de mares i tot el públic va començar a cantar-la mentre s'acostaven a l'altar, en el moment de la comunió. Repetien una estrofa de la cançó que diu : "Señor, tú me miraste a los ojos y sonriendo pronunciaste mi nombre...". Encara ara m'emociona recordar aquell cant.»

Després del funeral Casaldàliga es va tancar amb D'Escoto i el va acompanyar durant les dues últimes setmanes de la vaga de fam. Però, després d'un mes sense menjar, la salut del sacerdot i ministre nicaragüenc estava al límit i els metges que l'atenien van aconsellar posar fi a la vaga. Si hagués seguit dos dies més D'Escoto s'hauria trobat en una situació irreversible. «Quant a mi —recorda Casaldàliga—, va semblar que resultaria molt més útil per a la causa menjant i corrent per Nicaragua que quedant-me parat fent dejuni. Em van proposar quedar-me i vaig decidir allargar l'estada un parell de mesos per recórrer tot el país i vaig aprofitar per llançar una proposta d'insurrecció evangèlica. Va ser una experiència impactant: vaig córrer per tot Nicaragua, vaig estar als llocs de més conflicte, ens vam creuar moltes vegades amb la contra i vaig escriure un dels llibres més sentits que mai he escrit. *Nicaragua, combate y profecía* és un llibre que vaig escriure amb el cor, amb la sang, amb la fe, amb la ràbia i amb l'esperança.»

El llibre té un pròleg de Mario Benedetti i un epíleg de Leonardo Boff. En el pròleg, una frase explica amb claredat i concisió la postura respecte a Nicaragua d'una part important de la intel·lectualitat llatinoamericana i també dels religiosos vinculats al moviment de la Teologia de l'Alliberament : «Si la paz que proponen los pueblos está en guerra con la paz que proponen los agresores —escriu Benedetti—, nuestra obligación con la paz es ganar esta guerra». *Nicaragua, combate y profecía* destil·la passió per tots els costats. Durant dos mesos Casaldàliga va recórrer un país en guerra i va descobrir una gent i una terra que es van revelar enormement pròximes. L'experiència va ser tan colpidora que era comparable al moment de la seva arribada al Brasil, quan va trepitjar per primera vegada el Mato Grosso. Va anar de poble en poble descobrint la solidaritat i la generositat d'uns camperols que compartien amb ell el poc que tenien i que el rebien sempre gairebé com si fos un heroi. L'actitud de les mares nicaragüenques el va impressionar més que cap altra cosa: «Nicaragua madrea por todos los costados», diu en un dels seus poemes. En el llibre recull pas a pas cada situació i cada moment viscuts al llarg del viatge, com, per exemple, quan es va trobar una mare que li va preguntar per què el capellà del seu poble no volia pregar sobre el fèretre del seu fill cobert amb la bandera sandinista. «El meu fill va morir pel seu ideal —li deia la mare—; jo no podia arrencar-li la seva bandera... Jo crec en Déu, crec en el cel i crec en l'infern... Què he fet malament, monsenyor?» Davant situacions com aquesta, que es van repetir contínuament, Casaldàliga es va veure obligat a renunciar a la seva vocació d'escolà per assumir la seva condició de bisbe. «Aquest és un temps fort de gràcia per a mi —escrivia en una carta, gairebé en to de confessió, al sacerdot claretià Teófilo Cabestrero, el seu amic de l'època de la revista *Iris* a Madrid—. No vinc a donar cap lliçó a ningú. T'asseguro que la gran lliçó l'estic rebent jo mateix. Després de Nicaragua s'haurà de ser un altre. Obrim-nos al vent de l'Esperit.»

Casaldàliga conserva d'aquella Nicaragua en guerra un record carregat de poesia i romanticisme. Però la realitat actual del país és molt més dura i prosaica. Quan li recordo aquest canvi i el faig tornar a la realitat d'aquests últims anys, és com si hagués fet esclatar una fràgil bombolla de sabó en la qual es conservava delicadament el somni d'aquella puresa revolucionària sandinista que ell va conèixer de primera mà. «He tornat moltes altres vegades a Nicaragua —em contesta decidit, sense que sembli estar decebut per la situació actual del país—. És un país al qual estic molt lligat i que estimo molt, i que ara encara estimo més. Frasejant una cançó popular jo diria "Nicaragua, Nicaragüita, ahora tan jodidita, yo te quiero mucho más". Perquè la solidaritat no s'ha de donar només en el moment de les victòries, s'ha de donar sobretot en el moment del sofriment i de les decepcions. La solidaritat ha de ser sempre crítica i autocrítica i hem d'intentar comprendre la fragilitat dels processos humans. Hi ha hagut alguns líders sandinistes, i això també és aplicable a altres líders revolucionaris i figures polítiques importants d'esquerra d'altres països, que han pensat només a respectar l'ètica del partit, l'ètica de la revolució, però que s'han oblidat de l'ètica personal. Jo crec que aquell que no és ètic en tot no és ètic en res. Ara bé, també he de dir que continuo pensant que cap revolució que tingui una voluntat d'alliberament es perd: tot i que pugui semblar que fracassa, la revolució sandinista no s'ha perdut. Nicaragua no tornarà mai més a ser el que era en temps de Somoza; hi ha molta més consciència, molta més dignitat, molta més capacitat d'organització que abans. A més, aquesta revolució, com molts altres exemples de revolucions que hem viscut a l'Amèrica Llatina, val més pel seu esperit que no pas per les realitzacions concretes que hagi aconseguit. A Nicaragua val molt més el sandinisme que el front sandinista. Potser ara hi ha maldecaps, divisions i escàndols dins el front sandinista, però el sandinisme perviu i és un ideal molt digne, molt humà, molt llatinoamericà i molt cristià.»

OK

Casaldàliga, abans de tornar al Brasil, va aprofitar el viatge per conèixer dos països als quals també se sentia molt lligat: El Salvador i Cuba. A El Salvador va passar només un dia per satisfer el seu desig de resar davant la tomba de l'arquebisbe Romero. A Cuba —la segona pàtria de Che Guevara i la terra on va ser arquebisbe sant Antoni Maria Claret, fundador de la congregació a la qual pertany— s'hi va estar cinc dies després d'acceptar una invitació especial que li havia fet el mateix Fidel Castro per participar en la Setmana Internacional de la Pau, que es celebrava a finals d'aquell estiu de 1985 a la capital del país.

A l'Havana l'esperaven tres religiosos i amics brasilers que també estaven allà convidats oficialment: Frei Betto, que estava escrivint el llibre *Fidel i la Religió*, i els germans Boff, Clodovis i Leonardo, dos dels teòlegs més coneguts del moviment de la Teologia de l'Alliberament. Poc després de l'arribada van ser rebuts per Fidel Castro en el Palau de la Revolució. Casaldàliga recull aquest moment en el llibre *Nicaragua, combate y profecía*: «Ens vam abraçar Fidel i jo, el comandant i el bisbe. Ell, comunista; jo... cristià; però vull tenir la filial presumpció de creure que Déu —de vegades no n'hi ha prou amb apel·lar als sants— no estava molt lluny d'aquesta abraçada».

Van xerrar durant moltes hores i van poder comprovar que el líder de la revolució cubana és un conversador incansable i un erudit especialitzat en múltiples matèries. Fidel va pontificar sobre diversos temes, des de la guerra de Nicaragua fins a la situació política cubana d'aleshores, i va tenir temps per repassar també els seus coneixements de la cuina brasilera de l'estat de Minas Gerais. Casaldàliga va descriure en un dels seus llibres com va anar aquella reunió: "Ens hem assegut a la taula de la presidència tots amb un bloc de notes i un bolígraf a disposició. Fidel pren notes constantment, fa números, esbossos; parla escrivint paraules clau, estrateg també sobre el paper com ho va ser un dia a la Sierra. Pregunta, s'informa, com ho faria —poso per cas— un senyor bisbe interessat a rebre subsidis d'un teòleg seu, assessor». En el transcurs d'aquesta primera trobada Casaldàliga va regalar-li un dels seus llibres, *Cantares de la entera libertad*, i li va fer una dedicatòria especial :

A Fidel Castro,
hermano mayor,
compañero primero,
patriarca ya de la Patria Grande.

Però, al marge d'altres interessos comuns, va ser la Teologia de l'Alliberament el tema que va ocupar la major part del temps en les llargues converses que van mantenir Fidel i els tres religiosos brasilers mentre van estar a Cuba. Una frase que va pronunciar Fidel va quedar gravada en la memòria de Casaldàliga: «La Teologia de vostès, l' Església de l'Alliberament —com ell l'anomenava— ajuda a la transformació d'Amèrica Llatina molt més que milions de llibres sobre el marxisme».

Els cinc dies d'estada a Cuba van ser intensos i van ajudar a crear un vincle i una relació molt especial amb Fidel Castro. A pesar de les moltes distàncies que els separen, hi ha moltes més coses que els uneixen. Per això és comprensible que Casaldàliga, deu anys després d'aquella visita, amb motiu d'un viatge oficial de Castro al Brasil, reaccionés davant la manera com el va tractar la premsa. Un dels diaris va titular «Un ateu visita el Brasil» i això va provocar una carta pública que Casaldàliga va dirigir a Fidel: « A aquestes altures de la teva vida i de la meva —deia en un fragment de la carta— i de la marxa dels nostres pobles i de les esglésies més compromeses amb l'Evangeli fet vida i Història, tu i jo podem ser al mateix temps creients i ateus. Ateus del Déu del colonialisme i de l'imperialisme, del capital egòlatra i de l'exclusió i la fam i la mort per a les majories en un món dividit mortalment en dos. I creients, d'altra banda, en el Déu de la Vida de la Fraternitat Universal. [...] No et dono la benedicció perquè tinc dos anys menys que tu i és als més grans a qui correspon beneir... T'abraço, com a company de camí».

FANTASTIC

La gent que Casaldàliga va conèixer en el seu primer viatge a l'Amèrica Central el va marcar irremissiblement per tots els costats. Des del punt de vista personal i espiritual, després d'aquesta experiència es va refermar el seu compromís amb la Teologia de l'Alliberament i amb els pobres de l'Amèrica Llatina. Pel que fa a la seva dimensió pública, la figura del bisbe de São Félix abraçant-se amb Fidel Castro i compartint penalitats amb els guerrillers sandinistes era una autèntica declaració de principis que va ser ben rebuda tant pels seus amics com també pels seus enemics, que tenien així més proves i arguments per a la crítica.

Casaldàliga no amaga el que pensa. La visita que fa a Luciara em serveix per confirmar-ho. Abans de tornar a São Félix, quan ens acomiadem de Zecão, de Titas i de la gent de São Bento, s'acosta un *posseiro* que vol un consell del bisbe: «Dom Pedro —li diu el camperol—, vostè que sap més que nosaltres: a qui hem de votar, Fernando Henrique o Lula?». Falten poques setmanes per a les eleccions i els dos candidats principals són Fernando Henrique Cardoso, l'actual president del país, i Lula, el líder històric del Partit dels Treballadors. «Jo no puc votar perquè soc estranger», contesta ràpidament Casaldàliga, la qual cosa em fa pensar que ho diu per evitar donar una resposta compromesa. M'equivoco. «Si pogués votar —afegeix després d'una pausa— només et dic que no votaria en Fernando Henrique perquè ha tingut temps per fer la reforma agrària i per arreglar els problemes d'aquest país i no ho ha fet... A més, en Lula és un home del poble.» Era exactament això el que aquell camperol volia escoltar.*

* Sis mesos després del linxament, cap ciutadà de Luciara ha estat acusat dels crims. Tan sols als dos policies se'ls ha canviat de destinació.

X

EL CAMÍ DE ROMA

La catedral de São Félix és càlida i acollidora. És un edifici molt senzill que, vist de fora, es confon amb la resta de cases del carrer principal. El seu interior, en canvi, transmet la personalitat religiosa de l'equip de la prelatura. Dotze retorçats troncs de quina —un arbre típic de la regió d'on s'extreu la quinina— aguanten el sostre, les parets estan decorades amb objectes d'artesania indígena i l'altar està presidit per un gran mural de Maximino Cerezo Barredo. És un fresc que mostra la humanitat —representada per un grup d'indis, negres i camperols de la regió— carregada amb una gran creu a les espatlles i seguint el Crist ressuscitat. L'obra sempre militant de Cerezo Barredo —el pintor de la Teologia de l'Alliberament i il·lustrador de la majoria de llibres de Casaldàliga— té una simplicitat commovedora, és com si no hagués oblidat mirar la realitat amb ulls d'infant. Una mirada que Cerezo Barredo projecta amb tota la força que treu del compromís polític i tota la clarividència que li donen molts anys d'ofici.

Tots els diumenges al vespre Casaldàliga celebra missa a la catedral. Avui, com és habitual, l'església està practicament plena. En un racó al costat de l'altar la tia Irene fa sonar un teclat amb algunes dificultats. Fa un parell d'anys va sofrir un atac d'apoplexia i, tot i que es troba força recuperada, encara no ha aconseguit tornar a tocar el piano com abans. Al costat de la tia Irene tres joves amb instruments de percussió canten i animen la gent a seguir-los. Al Brasil tot té ritme, i una missa no pot ser diferent. Els fidels es passen tota la cerimònia cantant i acompanyant la melodia amb el cos. La veritat és que a Catalunya no vaig gairebé mai a missa i em seria difícil establir comparacions, però a part de la música el que més m'ha sorprès és la manera com Casaldàliga parla i es dirigeix a la gent en el transcurs de la cerimònia. Cada paraula que diu està plena de sentit. No tinc la sensació d'escoltar un discurs buit i repetitiu, com m'ha passat en altres ocasions, lluny d'aquí, en altres cerimònies religioses. «Si ens tanquéssim en un formalisme que impedís la vida —diu Casaldàliga—, impediríem la vida de la comunitat. Impediríem l'anunci de la Bona Nova de l'Evangeli.» Fugint del formalisme no hi ha cap missa que sigui igual a l'anterior: sovint improvisa, dialoga amb la gent i de vegades la interpel·la de manera inesperada. Avui també ho fa. En un moment determinat interromp la litúrgia per fer una pregunta als assistents: «Algú de vosaltres té por de Déu?». Ningú no sap què dir. De sobte, una nena asseguda a la segona fila contesta que ella no li té por. Inicien un diàleg curt i distès en el qual la nena referma el que ha dit. La resta de gent calla. «No heu de tenir por de Déu —diu Casaldàliga dirigint-se a tots els assistents—; Déu no castiga, som nosaltres els qui ens castiguem... per tant, no heu de tenir mai por.» Quan acaba de dir això em ve a la memòria allò que diuen els teòlegs de l'alliberament i que ell ha repetit tantes vegades: el contrari de la fe no és el dubte, és la por.

«No sé quins són els requisits per ser un bisbe —em diu Casaldàliga, que no sembla molt conscient de la seva originalitat, ni li dóna gaire importància—. La utopia ens obliga a anar trencant esquemes. Hauríem de trencar l'esquema de bisbe, de capellà. També hauríem de trencar l'esquema de patró, de treballador, l'esquema d'home, l'esquema de dona... Hauríem de trencar una sèrie d'esquemes que tenim al cap i al cor que no corresponen ni al Déu de la vida. Perquè Déu no va fer motllos, ens va fer lliures d'esperit.» Aquesta manera de pensar i el fet de no tenir por d'actuar en conseqüència fan que sigui molt diferent de la resta de bisbes de l'església catòlica. Això li ha portat molts problemes. Abans del seu viatge a Cuba i Nicaragua havia tingut conflictes amb el govern militar, amb els terratinents i amb alguns sectors conservadors de l'Església. Després d'aquella primera visita a l'Amèrica Central també els va tenir amb el Vaticà. La comprensió que havia trobat anys enrere amb Pau VI no va continuar amb l'arribada de Joan Pau II. És curiós, però Casaldàliga, quan l'any 1978 van escollir Papa Karol Wojtyla, va rebre la notícia amb esperança : «Tenim nou Papa. Joan Pau II —escrivia en el seu diari—. Que sigui molt Joan XXIII i també bastant Pau VI. És polonès, de la terra de sant Esteve, de Czestochowa i del pare Kolbe. Ha manifestat ja una certa llibertat davant la cúria i un senzill realisme. Ja veurem. Que l'esperit de Jesús el porti sempre per les rutes de l'Evangeli».

Ben aviat va poder comprovar que la seva intuïció estava equivocada. Joan Pau II desconfiava de la Teologia de l'Alliberament i ràpidament va començar a marcar distàncies amb els sacerdots i bisbes més progressistes i va imposar el silenci als teòlegs més significatius. A més el gran salt endavant per a l'església llatinoamericana, de compromís amb els pobres i les comunitats indígenes, que havia suposat la conferència de Medellín començava a desfer-se amb la conferència de Santo Domingo de l'any 92. El desencant ha anat augmentant entre tots aquells que volien una Església compromesa amb els problemes d'Amèrica Llatina. Per Casaldàliga aquesta nova etapa que es va obrir al Vaticà no era fàcil. No és el mateix ser bisbe al Brasil l'any 70, després de Medellín, que ser-ho als anys vuitanta i als noranta. Ell ha estat sempre molt respectuós amb els seus superiors eclesiàstics però encara ho és més amb les causes i els ideals que defensa. Aquesta tensió es reflecteix en molts dels seus poemes. N'hi ha un, «Equívocs», que és tota una declaració de principis.

On tu dius Llei
jo dic Déu.

On tu dius pau, justícia, amor
jo dic Déu!

On tu dius Déu
jo dic llibertat,
justícia,
amor!

A començaments de l'any 1986 un grup de bisbes brasilers va anar a Roma en visita *ad limina*, que és la que cada cinc anys tenen l'obligació de fer els bisbes al Vaticà. Joan Pau II els va rebre i, sorprenentment, en un intent d'acostar posicions, es va mostrar comprensiu amb la Teologia de l'Alliberament, va aixecar el càstig al teòleg Leonardo Boff —a qui havia imposat el silenci— i va dir, en carta personal dirigida a la Conferència Nacional dels Bisbes Brasilers, que la Teologia de l'Alliberament «no sols és oportuna, sinó útil i necessària». A pesar d'aquests comentaris elogiosos les relacions amb la jerarquia eclesiàstica no van canviar gaire. «Encara ara hi ha sospites amb la Teologia de l'Alliberament —confirma Casaldàliga amb gest contrariat—. Hi ha algunes pors que no desapareixen. Tenen por que ens tornem marxistes, comunistes, materialistes i gairebé ateus. Una altra cosa que temen és que ens descentralitzem massa, que ens escapem de les seves mans. Creuen que ho polititzem tot, la fe i el compromís evangèlic. Però per a mi, sobretot, el que passa és que ens tenen por perquè no ens coneixen bé. No coneixen el procés que ens ha portat a la Teologia de l'Alliberament i per això diuen amb una certa frescor que ens inspirem en el marxisme. Això m'indigna perquè la Teologia de l'Alliberament s'inspira en l'Evangeli i en el clam i el crit dels pobres.»

Aquell mateix any 1986 el Vaticà havia reclamat a Casaldàliga la visita *ad limina* i li havia demanat que viatgés amb el grup de bisbes brasilers. No havia agradat gens el seu viatge a l'Amèrica Central ni el malestar que havia provocat entre la jerarquia eclesiàstica nicaragüenca. Els seus superiors li van enviar dues cartes de to agre —com les va definir Casaldàliga— recriminant-li el seu comportament i demanant-li la seva immediata presència a Roma. Ell va decidir no «acceptar» la invitació i fer una visita *ad limina* per escrit. Va redactar una llarga carta dirigida a Joan Pau II on exposava totes les raons que havien justificat el seu comportament i també totes les crítiques cap al Vaticà que sentia que no havia de callar. Era una carta oberta i sincera que, amb voluntat de contemporitzar, no amagava el respecte i la submissió que sent davant la figura del Papa. Però la submissió de Casaldàliga no exclou la crítica. «Jo encara continuo criticant perquè considero que és un deure —em diu—, continuo pregant i desitjant que el Vaticà se descentralitzi, que no sigui un Estat i per tant que el Papa deixi de ser cap d'Estat. Crec en el ministeri papal com en una figura de referència per a la unitat de l'Església. El que passa és que em sembla que històricament, i últimament encara més, aquest ministeri s'ha tornat massa occidental, massa europeu, massa centralitzador i mas-

FANTÀSTIC

sa supersacralitzat. Per exemple, jo no el tracto mai de la Seva Santedat, i menys de Santíssim... Crec que el nom que se li ha de donar és el de Papa.»

La carta, amb data de 22 de febrer de 1986, comença així: «Benvolgut Papa Joan Pau II, germà en Jesucrist i Pastor de la nostra església: fa molt temps que us volia escriure aquesta carta i fa molt temps que l'escric i medito en l'oració. M'agradaria que fos un col·loqui fratern —en sinceritat humana i amb llibertat d'esperit— així també com un gest de servei d'un bisbe envers el bisbe de Roma, que és Pere per a la meva fe». Després d'explicar de manera concisa la seva feina a la prelatura de São Félix, argumenta quines són les principals raons que té per no viatjar a Roma en aquell moment. Per ell la tradició de les visites *ad limina* hauria de ser revisada perquè no compleixen la funció de propiciar un autèntic intercanvi entre els bisbes i els seus superiors. No nega la possibilitat d'anar-hi però creu que abans és necessària una llarga carta: «M'ha semblat que només un contacte assossegat i personal entre nosaltres dos, a través d'un escrit pensat i clar, em donaria la possibilitat d'aproximar-me a vós veritablement. L'altra forma de trobar-nos ja és garantida: cada dia prego per vós, estimat germà Joan Pau». La carta segueix amb una exposició detallada de les principals crítiques i peticions de canvi que fa a l'Església: demana que la cúria que envolta el papa sigui més senzilla, més participativa i menys etnocentrista, no entén per què no es permet l'accés de la dona al sacerdoci ni tampoc per què no es té una actitud més comprensiva cap a aquells religiosos que han hagut de deixar la seva vocació per no poder-la compatibilitzar amb el rigor del celibat.

La carta no eludeix el punt més conflictiu amb el Vaticà, el viatge a Nicaragua. Casaldàliga contesta les crítiques amb rotunditat dirigint una pregunta al Papa: «¿És només amb el socialisme o amb el sandinisme que l'Església no pot dialogar, críticament, és clar, així com críticament ha de dialogar amb la realitat humana? ¿Pot l'Església deixar de dialogar amb la història? Va dialogar amb l'Imperi romà, amb el feudalisme, i dialoga, a gust, amb la burgesia i el capitalisme, sovint acríticament, com ho ha hagut de reconèixer una avaluació històrica posterior. [...] El perill del comunisme no justificarà la nostra omissió o la nostra connivència amb el capitalisme. Aquesta omissió o connivència podran justificar dramàticament, un dia, la revolta, la indiferència religiosa o fins i tot l'ateisme de molta gent, sobretot entre els militants i entre les noves generacions». Abans d'acomiadar-se, en la carta, Casaldàliga no nega la possibilitat de viatjar a Roma: «Si vós ho considereu oportú, podeu indicar-me una data aproximada perquè jo vagi a visitar-vos personalment».

La data per a la visita va ser fixada per al mes de juny de 1988. Després de vint anys Casaldàliga tornava a Europa. A l'aeroport de Fiumicino l'esperaven una vintena de persones. Eren amics i familiars de Catalunya que s'havien desplaçat a Roma per abraçar-lo i també, en alguns casos, per conèixer-lo —per algunes de les seves nebodes aquella era la primera vegada que el veien, ja que havien nascut després de la seva marxa al Brasil. A pesar de l'oportunitat que se li presentava amb aquell viatge, Casaldàliga va decidir no aprofitar l'ocasió per tornar a Catalunya. Havia sortit d'Amèrica per obligació i el seu compromís era ferm: per ell, després de Roma, tornar a casa era tornar a São Félix do Araguaia. Això no obstant, el retrobament amb la família va ser un moment emotiu: «Els meus hi van anar des de Balsareny —recorda—, des de València, i em van portar fotos, records, ajudes de la resta de la família. I vam viure junts, superada de cop la distància de vint anys, un bell retrobament». Aquell dia era un divendres i això va provocar una situació insòlita que els familiars no esperaven. En el primer dinar que havien de fer junts Casaldàliga no va tastar el menjar: «Perquè jo em vaig comprometre, després del meu primer viatge a Nicaragua, a fer dejuni cada divendres per l'Amèrica Central. Fa uns anys que he hagut de deixar-lo de fer perquè el metge m'ho va prohibir i ara només puc fer una mena de "minidejunis". En aquella ocasió em va permetre parlar a la meva família de la situació de l'Amèrica Central. Ells menjaven i jo parlava».

Casaldàliga no va tenir gaire temps per assaborir el seu retrobament amb l'ambient romà i mediterrani: «Em va sorgir ànima amunt les vinyes —recorda amb certa fruïció—, el blat, el romànic i sobretot la ginesta, la meva ginesta catalana...». L'aire que es respirava al Vaticà no era tan poètic. Ben aviat ho va poder comprovar quan va ser rebut pels cardenals Gantin i Ratzinger, que l'havien de sotmetre a una entrevista que gairebé es va convertir en un examen. Abans d'anar-hi l'havien previngut sobre com havia d'anar vestit, havia de portar l'hàbit adequat; i abans d'entrar, monsenyor Re, secretari de la congregació dels bisbes, el va rebre a l'avantsala amb la frase «Cum Petro et sub Petro». En la sessió va ser el Cardenal Gantin qui primer va prendre la paraula. Gantin va llegir un document que li recordava la solemnitat del moment i, tot i que reconeixia els sofriments i la dedicació al poble que havia tingut fins a aquell moment, afegia: «però tenim serioses advertències, que us farem el cardenal Ratzinger i jo».

Al llarg d'una hora i mitja els dos cardenals van interrogar-lo. Prenien notes de tot el que es deia i consultaven les fotocòpies que disposaven dels textos més polèmics que havia escrit. «Expectativa, serietat i tacte —va escriure Casaldàliga recordant aquell moment—. Personalment crec que vaig parlar amb llibertat; Ratzinger somreia sovint. Jo vaig recalcar que, gràcies a Déu, no tinc problemes de fe, si bé tinc les meves discrepàncies en teologia; i que tampoc tinc problemes de comunió encara que discrepi en aspectes relatius de disciplina.» Gantin i Ratzinger anaven formulant preguntes que ell havia de respondre. Volien saber si acceptava els documents que havia publicat la Santa Seu sobre la Teologia de l'Alliberament; també van preguntar-li sobre la manera com celebra l'Eucaristia com si fos un ritu social, i per què anomena màrtirs monsenyor Romero i Camilo Torres si no han estat canonitzats. El moment més tens es va produir quan van demanar-li explicacions pel seu viatge a Nicaragua: «Vós sou utilitzat —va afirmar Ratzinger—, la vostra paraula, la vostra actuació, els vostres escrits». «Tots som utilitzats —va respondre Casaldàliga—. Vosaltres també, també el Papa. A més hem de veure qui i com ens utilitzen. Parlo de la comunicació, de l'opinió pública —també dins l'Església— de la col·legialitat i de la corresponsabilitat. Penso que conservem un secretisme excessiu.»

Els cardenals volien que Casaldàliga signés un text que havien preparat. Però allò no era un tribunal eclesiàstic i no estava obligat a signar; així doncs, va demanar disposar del temps suficient per pensar-ho i consultar-ho. Abans de marxar Casaldàliga va insistir en la seva voluntat de trobar-se amb el Papa; volia saber si després d'aquella entrevista Joan Pau II el podria rebre. Gantin li va confirmar que aquella mateixa tarda es trobaria amb el Papa per informar-lo de l'entrevista i que després d'això aviat el podria veure. A petició del mateix Casaldàliga, la trobada amb els cardenals es va concloure amb una pregària: van resar plegats el Parenostre en llatí. Quan ja s'havien acomiadat i baixava per les escales se li va acostar Monsenyor Re i li va aconsellar que no parlés amb els periodistes. Ell va contestar que hi parlaria després de l'audiència amb el papa, i va dir que és millor explicar als periodistes la veritat perquè si no se'ls obliga a inventar i potser a mentir. Curiosament, es va assabentar uns dies després que la Ràdio Vaticana havia rebut ordres superiors de silenciar la seva visita a Roma.

Finalment l'audiència particular amb el Papa va tenir lloc el dia 21 de juny, va durar quinze minuts i es va desenvolupar en portuguès, un idioma que Joan Pau II domina. Damunt la taula tenia un dossier amb el nom de Casaldàliga i un mapa de la prelatura de São Félix. Van parlar dels problemes de la gent de la regió i de la situació que es viu al Brasil. El pontífex en diverses ocasions va insistir a recordar-li la importància de la unitat de l'Església. Casaldàliga va fer-li referència a la proposta que li havien fet els cardenals per signar un document, a la qual cosa ell no estava disposat perquè li va semblar que era una manca de confiança. Joan Pau II es va mostrar comprensiu i al final de la trobada va obrir els braços entre amonestador i bromista —tal com recorda perfectament Casaldàliga— i li va dir : «Perquè vegeu que no sóc cap fera...!». Ell, que reconeix que gairebé es va espantar, va respondre amb un gran somriure: «Mai no ho he pensat».

Dos mesos després del viatge a Roma el Vaticà li va fer arribar un document referent a la visita *ad limina* que havia de signar. El document era molt crític amb la Teologia de l'Alliberament i li imposava un gran nombre de restriccions i prohibicions. «Les prohibicions eren tan àmplies —recorda— que si signava aquell document hauria quedat en condicions d'inferioritat respecte a qualsevol prevere o diaca, a més d'acceptar la renúncia al ministeri de la Paraula.» La Rede Globo va difondre a tot el país la notícia que el Vaticà li havia imposat el silenci total.

Casaldàliga no va signar el document i la seva decisió no va tenir conseqüències greus. En part perquè la Conferència dels Bisbes Brasilers va intercedir davant el Vaticà i va aconseguir suavitzar la situació. Aquell any, però, Casaldàliga va haver de comportar-se amb precaució i suspendre un nou viatge que tenia previst fer a Nicaragua.

Aquest ha estat l'enfrontament més seriós que Casaldàliga ha tingut amb el Vaticà. En aquests últims anys ha visitat Nicaragua moltes vegades i també altres països d'Amèrica Llatina. A pesar d'aquests viatges, no ha hagut de tornar a visitar Roma perquè, amb el temps, la tensió ha anat disminuint sensiblement : «Tu saps que a les bones famílies de tant en tant hi ha batusses —reconeix amb un punt d'ironia—; després d'aquella visita *ad limina* la situació és menys tensa, potser perquè Nicaragua ja no és aquella Nicaragua i la situació no és tan dramàtica. També perquè potser pensen que no hi ha res a fer amb mi; ja sóc vell i potser s'han convençut que no sóc tan dolent com això». Intentant trobar més arguments que expliquin la millora de les relacions li recordo que tampoc la Teologia de l'Alliberament és el que era. No li fa gaire gràcia, per no dir gens, l'afirmació que la Teologia de l'Alliberament no està tan «d'actualitat» com abans: «Últimament m'han preguntat més d'una vegada què queda avui de la Teologia de l'Alliberament —respon—, i jo sempre contesto el mateix: estan els pobres i està Déu. Hi ha hagut moltes teologies i el que no passa és l'Evangeli, no passa la humanitat, ni passa el Déu dels pobres. Aquesta ha estat la teologia més signada amb la sang dels màrtirs, la que ha aixecat l'esperança dels sud-americans, la que ha possibilitat que l'Església optés pels pobres. Em consideren teòleg de l'Alliberament, però no sóc teòleg. Jo predico la Teologia de l'Alliberament perquè predico l'Evangeli des de l'Amèrica Llatina, predico l'opció pels pobres».

Fins ara, la trajectòria de Casaldàliga com a bisbe ha estat farcida de conflictes i de problemes però també de satisfaccions. Al llarg d'aquests anys ha obtingut molts premis i reconeixements internacionals. Va ser candidat al premi Nobel de la Pau de l'any 1992, i tot i que no el va aconseguir, la campanya que es va fer a Catalunya i al Brasil va servir per difondre àmpliament les causes per les quals ha lluitat tota la vida. També hi ha hagut un altre reconeixement que Casaldàliga no ha pogut obtenir: el doctorat *honoris causa* per la Facultat de Teologia de Catalunya. També va ser l'any 92 quan van proposar la seva investidura com a doctor *honoris causa*, però la intervenció de l'arquebisbe de Barcelona, Ricard Maria Carles, ho va impedir. Diuen que un dels arguments que es van fer servir per rebutjar el seu nomenament va ser que ell era poeta i no teòleg. «Jo sóc un aficionat a la teologia —afirma desdramatitzant la situació—, però em sembla que no sóc tan perillós... No crec que sigui un problema un títol més o menys, i em fa una mica de pena que a Roma siguin encara així, tan tocats i posats. Però, com he repetit moltes vegades, són conflictes casolans i jo m'ho prenc amb bastant humor i és bo fer-ho. Hi ha un proverbi jueu que diu que mentre els humans pensen, Déu riu.»

XI

NOVES FRONTERES

Dels trenta anys que fa que Casaldàliga és al Brasil estic segur que almenys un l'ha passat viatjant amb autobús. Quan hi va arribar s'havia de moure a cavall o amb canoa, però últimament una xarxa d'autobusos connecta la majoria de pobles i ciutats del Mato Grosso i l'Amazònia. Aquest és el mitjà de transport que utilitza quan ha de visitar els pobles de la prelatura o quan ha d'assistir a reunions de bisbes o participar en actes religiosos que se celebren en regions veïnes. Tindré l'ocasió de comprovar de primera mà la qualitat d'aquest servei perquè acompanyo Casaldàliga en el viatge que fa a Tocantinòpolis per participar en la romeria de la terra, un acte en memòria de Josimo, un acte més en record d'un altre company mort, un altre deixeble, un altre màrtir...

Josimo, que va col·laborar amb Casaldàliga i en va ser amic, està enterrat a Tocantinòpolis, una ciutat de l'estat veí del Tocantins, a més de mil cinc-cents quilòmetres de São Félix. Per arribar-hi haurem de creuar gairebé tot el territori de la prelatura. Seran tres dies cavalcant per les pistes del Mato Grosso. Tres dies i tres nits fins a arribar al poble on hi ha la tomba del pare Josimo.

Viatjar a través del Mato Grosso vol dir estar disposat a viure una aventura. La gent del país diu que pots saber perfectament quan agafes un autobús, però que no saps mai quan arribaràs al teu destí. Casaldàliga ha experimentat aquesta sensació centenars de vegades; es pot dir que gairebé es coneix tots els autobusos que circulen per aquesta regió. Si algú, amb poca experiència de moure's pel Brasil, puja per primera vegada en un d'aquests vehicles antics i poc confortables, haurà de preparar-se per viure una experiència difícil d'oblidar. D'entrada el dubte que se'm planteja no és el de saber quan arribarem, sinó que, damunt d'aquests autobusos tronats, no estic molt segur de fer cap enlloc. Aquest temor augmenta en comprovar l'estat de les carreteres; són camins de terra plens de sots. De fet, els únics trams asfaltats de tota la prelatura són la pista d'aterratge de l'aeroport de São Félix i el carrer principal de la ciutat. «Els pobres no viatgen amb avió —diu en Pere—. El meu poble no viatja amb avió. Jo he de ser pobre, com ho han de ser els religiosos, els sacerdots i els bisbes. Anar amb autobús és una opció de pobresa, de senzillesa i també una oportunitat de trobar-se amb el poble.»

Des de la finestra de l'autobús, la naturalesa corre com una exhalació. El tròpic esclata en el vermell i el verd de la terra i de la vegetació amb una bellesa salvatge que il·lumina un matí nítid i transparent. Una pluja caiguda en les últimes hores —en diuen la *chuvinha* del cajú, perquè en aquesta època ajuda a madurar la fruita del cajú— s'ha encarregat de preparar una atmosfera esplèndida per a la contemplació, però potser no tant per al moviment. Quan plou les carreteres es tornen molt més insegures i perilloses que no són habitualment. Per a Casaldàliga, com per a la resta dels viatgers que omplen el vehicle, l'estat de la carretera no sembla que sigui un perill preocupant: «Els avions també cauen —diu Casaldàliga—, i quan cauen, cauen de molt enlaire.... i és molt pitjor. Mira, fa trenta anys que hi sóc, i només he tingut alguna pelada al nas. Aquesta por de morir la teniu molt al primer món, on la majoria de la gent mor al llit, de càncer, del cor... Aquí la gent, com ja t'he dit, mira la mort d'una altra manera. A més, això de morir és una mica relatiu. Primerament perquè morirem tots i, en segon lloc, perquè no morim per morir, morim per ressuscitar, i quan es tenen setanta anys com jo tinc, la mort és una cosa més propera i l'esperança és una mica més madura. A mi m'agrada recordar moltes vegades un vers d'Octavi Saltor: "madur el raïm, madura la paraula..." Sóc una mica a la tardor de la vida i penso que l'esperança és una mica més madura».

Casaldàliga mira per la finestra i la seva mirada es perd en el paisatge... La vida i la mort a través de la finestra. El valor diferent que té aquí la vida i el sentit diferent que tenen aquí la mort i el dolor que produeixen el record i el tenir la consciència desperta. «Madur el raïm, madura la paraula...» El miro i té els ulls clavats en l'horitzó en moviment, en un intent de recompondre la imatge de Josimo, recuperar el seu rostre de la memòria i, amb el seu rostre, el seu somrís i la seva vida.

Josimo era un sacerdot jove ple de força i de ganes de viure, fill d'immigrants del nord, de l'estat del Maranhão, que es van instal·lar com a colons en les terres de l'Amazònia. Per tant, coneixia perfectament qui era qui en aquesta regió. Sabia que portar una creu i posar-se al costat de Casaldàliga suposava alinear-se amb els desfavorits i guanyar-se algunes antipaties perilloses. Sabia perfectament el risc que corria i el va assumir amb totes les conseqüències. «Vaig tenir molta relació i molta amistat amb ell —recorda Casaldàliga—, fins i tot el vaig aconsellar en problemes i crisis íntimes que havia tingut. Era negre, pobre, molt intel·ligent i generós. Era radical en les seves opcions i per això va arribar on va arribar. Va sentir que la mort se li apropava i per això va redactar un testament pocs dies abans de morir on deia: "sé que em mataran, però si jo callo, què passarà amb aquesta pobra gent?". En aquell escrit ens va demanar per favor que cuidéssim la seva mare. Nosaltres des de la prelatura hem anat enviant cada mes mig salari per a la mare de Josimo.»

Josimo treballava al Bico do Papagaio, una terra que segons m'han explicat és d'una bellesa extraordinària. A l'autobús amb què viatgem ens acompanya Hermilo, un camperol del Bico que també va a la romeria i que va estar al costat del sacerdot i va treballar amb ell. M'explica que aquella és una terra de muntanyes suaus, palmeres altíssimes i grans extensions de pastures. Però a pesar de la seva bellesa El Bico no és precisament un paradís, sinó que més aviat és una de les regions més violentes del Brasil. La pobresa dels camperols contrasta amb la riquesa dels pocs propietaris ramaders que es reparteixen la major part de la terra. És la història de sempre: els terratinents tenen la ferma determinació de no perdre ni un sol dels seus privilegis i, per la seva banda, als camperols només els queda la voluntat de sobreviure. «En aquest país el bestiar cada dia està més gras. Té menjar, té medicaments, fins i tot metges —diu Hermilo—. En canvi les persones no tenim res, només tenim necessitats. El pare Josimo va venir aquí per ajudar-nos, per obrir-nos els ulls i ensenyar-nos un camí a seguir, ens va fer aixecar el cap. La seva presència va ser una gran alegria, però tothom sap que les alegries a la casa dels pobres no duren gaire.»

Josimo sabia què arriscava si es posava al costat dels camperols i els sense terra. Defensar-los volia dir jugar-se la vida. Coneixia el risc i el va assumir amb totes les conseqüències.

El viatge amb autobús es fa etern, potser perquè no estic acostumat ni al transport ni al ritme de vida que impera en aquest racó del Brasil. El cos de Casaldàliga, a pesar dels seus setanta anys, suporta increïblement bé els sotracs constants del vehicle: «Jo tinc l'avantatge que no sóc gras —diu per justificar el fet d'haver-se acostumat a aquests trajectes—, tinc l'esquena bé, i els ronyons no em fan mal. Suporto bé la incomoditat». Certament, des d'aquesta perspectiva, aquesta mena de cavalcada fins i tot pot ser una aventura divertida, i només així es pot comprendre que la gent arribi fins i tot a dormir en uns seients tan durs. «Jo dormo com un tronc en aquests autobusos; de fet puc dormir en qualsevol lloc —diu Casaldàliga—. Recordo una vegada quan era un capellà jove, en un viatge de Madrid a Barcelona, em vaig adormir en un vagó de tercera d'un tren de la Renfe. Una senyora, amb qui compartia el departament del vagó, em va fer saber com envejava la manera com havia pogut dormir, i va afegir que ella no ho podria fer. Jo, que encara estava una mica endormiscat, li vaig contestar que per dormir calien dues coses: son i tenir la consciència tranquil·la. Doncs vols saber que aquella dona es va empipar? Li vaig dir: "Esperi, li he dit dues coses: la son i la consciència tranquil·la. Són dues coses". No hi va haver manera, no em va tornar a dirigir la paraula en tot el viatge.»

Casaldàliga ja no és aquell sacerdot jove però, pel que sembla, continua tenint son i la consciència tranquil·la. La intranquil·litat, ara, és a la memòria. El record de Josimo és present durant tot el viatge, és un record constant que només interrompen les pauses marcades pels espais de son i per les aturades freqüents que ha de fer l'autobús. Algunes són totalment previsibles i formen part del programa de ruta, altres són una sorpresa: la carretera ha de franquejar desenes de rius i rierols, i com que de vegades els ponts són quatre troncs podrits que difícilment resisteixen el pes del vehicle, els passatgers han de baixar de l'autobús, empènyer i confiar en la perícia dels «motoristes», que és com aquí anomenen els conductors. «Això és una mica com la vida humana —insisteix Casaldàliga—: tu pots saber quan neixes, però no quan moriràs. És molt difícil saber quan arribaràs al destí, de vegades la diferència no és d'hores, sinó de dies. Jo recordo que poc després d'arribar aquí vaig fer un poema en el qual deia : "saber que el temps no existeix ja". T'ho has de prendre amb una mica de tranquil·litat i en comptes del temps del rellotge has d'aprendre a viure sota el temps còsmic. Això dóna una gran llibertat, també. La gent de Barcelona o de São Paulo sempre va de pressa, i aquí ens podem prendre la vida a la santa fresca, que també és un gran avantatge.» El poema del qual parla Casaldàliga es diu «Saber esperar»:

Saber esperar, sabent
que el temps no existeix ja.

Ni la premsa ni el correu
tenen caixa forestal.

Cada dia és qualsevol dia
i el sol és sempre igual

Mentre no ens manqui l'arròs
tal dia farà un any.
La nit crepita de mosquits,
la lluna no és de fiar.

Demà ens despertarem atordits
amb ganes de jeure i folgar.

Oh, no arronseu pas el nas,
no cal pas desesperar.

Aquí tenim tot el sant dia
per aprendre a esperar.

Curiosament, poc després d'escriure aquest poema en va escriure un altre que va titular «rectificació», en el qual reivindica el que ell podria perfectament anomenar com la «santa impaciència»:

Saber esperar sabent,
ensems, forçar
l'hora d'aquell delit urgent
que no ens permet esperar.

Les aturades de l'autobús serveixen per parlar amb la gent. Sembla que Casaldàlga conegui i sigui amic de tothom. «Fa trenta anys que hi sóc —diu— i com que he viatjat molt amb autobús és clar que ens coneixem... A més, un bisbe no deixa de ser un bisbe i fins i tot quan surto de São Félix em coneixen per les lluites que hem protagonitzat i per les persecucions que hem sofert.» Cada dues o tres hores, en un poble o enmig de la selva, però sempre en un lloc on hi ha una barraca on venen cafè, begudes i alguna cosa per menjar, l'autobús fa una parada de deu minuts que la gent aprofita per estirar les cames i per intercanviar salutacions i abraçades. Casaldàliga saluda els vells i els nous amics que troba pel camí gairebé sempre de la mateixa manera: «E a luta?». Abans de demanar per la família sempre pregunta com va la lluita. La gent contesta amb veneració i després d'interessar-se per la salut del bisbe li pregunten a on es dirigeix. En una ocasió, després de dir quin és el destí i el motiu un dels camperols diu amb un posat de contrarietat: «va ser una llàstima que aquell noi acabés d'aquella manera, tan jove...».

La situació que es vivia al Bico do Papagaio l'any 1986, quan van matar Josimo, era molt similar a la que es respirava a São Félix fa trenta anys, quan Casaldàliga hi va arribar. La frontera de la violència i la impunitat s'ha anat traslladant amb el pas dels anys. Les millores, però, són visibles a les ciutats com São Félix o Tocantinòpolis; fora d'aquest entorn, en el camp impera la llei de sempre: petits camperols sense terra intentant viure de petites explotacions agrícoles, peons que treballen en les grans hisendes —en alguns casos pràcticament en règim d'esclavatge— i terratinents que contracten pistolers per protegir la seva propietat. La situació del Bico ha canviat molt poc en els últims temps.

Quan van matar Josimo, l'any 1986, la dictadura militar s'havia acabat i els terratinents van començar a organitzar-se al voltant de la UDR, la Unió Democràtica Ruralista, un organisme destinat a defensar els seus drets i a impedir l'aplicació de la reforma agrària, una de les reivindicacions seculars dels camperols brasilers i que encara ara continua sent un somni irrealitzat. Josimo —com no podia ser d'una altra manera— va prendre partit a favor dels pobres i es va dedicar a denunciar les irregularitats de la UDR. Seguint l'exemple de Casaldàliga, vivia en una cabana de fusta amb sostre de palma, com tots els camperols del Bico. Les accions més compromeses que va fer vam ser donar els noms de les hisendes que tenien peons en règim d'esclavitud i organitzar un sindicat per defensar els drets dels peons i dels treballadors rurals i contrarestar el poder de la UDR. Sabia que allò era una provocació i que significava gairebé una sentència de mort. Un dia dos pistolers enviats per un dirigent de la UDR van matar-lo a trets. Segons diuen les seves últimes paraules van ser : «no vull morir».

Casaldàliga va rebre la notícia amb l'enteresa que li dóna la fe i amb la resignació que adquireix qui s'ha acostumat a caminar envoltat de violència. Josimo era molt jove, tenia poc més de trenta anys. Aquell no era el primer ni l'últim cop dur que rebia la gent de la prelatura: «Ens vam assabentar de l'assassinat quan anàvem a una assemblea de la Comissió Pastoral de la Terra que s'havia de celebrar precisament a Tocantinòpolis —recorda—. Aquella assemblea es va transformar en el seu enterrament. Recordo que després d'enterrar-lo el grup que organitzàvem l'assemblea ens vam reunir encara aclaparats sota l'efecte de la notícia. L'ambient era tens, però de sobte algú va dir que podríem fer una foto de cada un de nosaltres per tal de tenir assegurada la possibilitat de fer un bon pòster si en mataven algun. Vam esclatar en una riallada i ens va fer bé, perquè vam sentir que la vida continuava i que nosaltres havíem de seguir».

Han passat molts anys de l'assassinat de Josimo i la justícia encara no n'ha jutjat els responsables. Van detenir el pistoler que va disparar però només va estar uns dies a la presó perquè va aconseguir fugir-ne. «Aquell era un pobre diable —diu Casaldàliga amb resignació—. Els "mandantes", com diem aquí, els qui van manar que es cometés el crim no han estat mai jutjats... No és cap novetat, has de saber que al Brasil la majoria dels processos oberts per problemes de terra o per la causa indígena difícilment arriben a terme i gairebé sempre es perden pel camí.» Per la gent del Bico do Papagaio no hi ha cap misteri: noms, cognoms, com, quan i per què. Ho saben tot, però no serveix de res. Aquesta sensació d'impunitat fa que s'imposi la por. Als terratinents els interessa que la por segueixi ben arrapada al cos d'aquells camperols miserables que Josimo pretenia organitzar, i en aquesta part del món els misteris no fan tanta por com la realitat.

La gent segueix tenint por, i segueix sense terra. ¿De què serveix doncs, que un sacerdot jove i idealista perdi la vida en un racó perdut de l'Amazònia? «Ens ha donat un exemple, ens ha ensenyat el camí —repeteix Hermilo, el camperol amic de Josimo que viatja amb l'autobús—. Potser sí que encara tenim por, però ara en tenim menys, i la nostra vida és millor.» Efectivament, després de la mort de Josimo la vida dels pobres del Bico és una mica menys miserable. Sempre passa el mateix: la justícia ignora els culpables, però davant un crim com aquest, el pes de l'opinió pública i la pressió dels grups progressistes del Brasil sacsegen algunes consciències i s'aconsegueix alguna lleugera millora. És una situació semblant a la que Casaldàliga havia viscut uns anys abans a São Félix, la mateixa violència, la mateixa impunitat, la mateixa tragèdia. Lentament, però, la civilització s'imposa a la llei de la selva. La vida s'imposa a un preu altíssim. Aquesta no és una terra fàcil i sembla que l'única manera de fer-la progressar sigui regar-la amb sang. El record de Josimo es barreja amb el de João Bosco, el company, l'amic...

Han passat més de tres dies, més de mil cinc-cents quilòmetres i potser més de cent mil bots al damunt de l'autobús. Arribem a Tocantinòpolis. És una ciutat caòtica i desordenada que ha crescut a la riba esquerra del riu Tocantins. Com moltes ciutats amazòniques, Tocantinòpolis és un centre comercial on es reuneix la gent que viu escampada per la selva. En els seus carrers es barregen els camperols, els *garimpeiros* i els indis. En aquesta ciutat sempre hi ha moviment, però avui n'hi ha molt més que de costum. Hi ha gent pertot arreu. Centenars de camperols, vinguts des del Bico do Papagaio i d'altres racons allunyats de la regió, són aquí per fer el mateix que Casaldàliga: participar en la romeria de la terra i visitar la tomba de Josimo; aquí és la diòcesi on ell treballava i on està enterrat. La romeria comença al peu de les escales de l'església de Tocantinòpolis: els líders sindicals criden proclames i aprofiten l'ocasió per planificar les accions que hauran d'engegar per fer que el govern els escolti i pari els peus als terratinents. La gent, amb pancartes i banderes, comença a concentrar-se al so de cançons i consignes reivindicatives. Sembla molt més un acte polític que no pas una celebració religiosa.

S'ha fet fosc i la gent que s'havia reunit a la plaça de l'església comença a encendre torxes i espelmes. Se celebra una missa i, en acabar, s'inicia una processó pels carrers de la ciutat. La comitiva, que avança lentament fins al cementiri, sembla un riu de llum a través dels carrers foscos. En els ulls de la gent, il·luminats per les espelmes, no s'hi troba el reflex de la ràbia ni de la ira. Els seus rostres endurits per la desgràcia i el patiment són el dibuix de l'esperança. Davant la tomba del sacerdot, la de Casaldàliga i moltes altres veus criden amb força: «Josimo ressuscitarà, ressuscitarà». Sembla increïble però ho diuen convençuts. N'estan totalment convençuts.

XII

EL DIA D'AVUI

Veure com neix un nou dia en el tròpic és una festa per als sentits. Un vent humit que ve del riu refresca l'ambient i fa tremolar les fulles dels arbres mentre els raigs del sol pinten de color taronja llampant uns núvols que encara dormen sobre l'horitzó i que, en pocs minuts, fan que el cel rebenti de blau. Avui és el meu últim dia a São Félix i em sembla que farà calor. M'he llevat a les sis del matí, a la mateixa hora que ho fa cada dia Casaldàliga, amb el cos encara adolorit pel viatge amb autobús de retorn de Tocantinòpolis. Vull aprofitar fins a l'última engruna d'aquestes últimes hores. Sé que no té gaire sentit, perquè hem estat junts molts dies, però és com si tingués por de perdre'm algun detall o alguna paraula que encara ha de dir.

La primera cosa que fa cada dia després de llevar-se és una passejada pels carrers semideserts de São Félix. És una manera de fer exercici. Després dedica una hora a la pregària, sempre a la capella del jardí, acompanyat de la Tia Irene. A la casa hi ha més gent, sempre està plena de gent, però en aquest moment estan els dos sols a la capella. M'impressiona contemplar-los: els cabells blancs, els peus descalços, les mans menudes i pàl·lides sostenint un llibre obert... Resen i canten. Són dues figures que transmeten una profunda sensació de pau. En aquest moment em ve a la memòria el que m'havia dit la Tia Irene, uns dies enrere, parlant de Casaldàliga. Deia que l'admirava, entre altres raons, per la seva capacitat de pregària: «A mi m'agradaria molt aprendre a pregar però encara no n'he après. Potser em moriré sense haver-ne après... —em deia la Tia Irene amb un somriure plàcid—. La vida passa massa de pressa... Aquest instant en què estem parlant ja ha passat a l'eternitat. La vida passa molt de pressa i, de vegades, no sé com dir-ho, però cada nit quan me'n vaig a dormir tinc la sensació que ja no em tornaré a despertar...».

De mica en mica, els convidats que avui han dormit a la casa es van afegint a la pregària. Aquí sempre hi ha gent que està de visita o de pas i que sap que no tindrà problemes per trobar un llit per dormir i un plat a taula. Entre els hostes hi ha un jove de Santa Terezinha que ha vingut a São Félix perquè ha de resoldre un plet en el jutjat, un seminarista de São Paulo que vol conèixer la regió perquè vol venir a treballar a la prelatura, i un individu de barba llarga i aspecte de frare que resulta ser un sacerdot de Pamplona que passa les vacances visitant gent d'església del Mato Grosso i l'Amazònia. Mentrestant, Gerò, la gata grisa d'ulls verdíssims que fa anys que viu a la casa, s'està en un racó, quieta, com si fos una més del grup.

Cada dia, abans d'esmorzar Casaldàliga menja un all cru i fa un glop d'una botella on unes fulles estranyes suren enmig d'un líquid de color d'ambre: «L'all va bé per a la tensió —m'aclareix—, i aquest líquid és un xarop fet d'algues marines que prepara una monja de la prelatura i que, segons assegura, és un tònic que ho cura gairebé tot». En to de broma li pregunto si el que hi ha dins la botella no és un elixir secret amb el qual es manté jove. «Vols saber una cosa? —em contesta— quan et diuen que estàs jove vol dir que no ho ets. Quan ets jove mai no et diuen que estàs jove, només t'ho diuen quan ets vell».

Els menjars són molt austers i frugals, com tot el que es fa a la casa, no es llença mai res. A l'esmorzar aprofitem el pa del dia anterior, o potser, després de tastar-lo, diria que és de dos dies enrere. Casaldàliga menja poc. Una llesca amb mantega d'all i un *cafezinho*. Quan acaba s'asseu a la taula de treball, davant de la seva vella màquina d'escriure, i repassa la correspondència. Cada setmana rep desenes de cartes que contesta una per una de manera metòdica. A la casa no hi ha despatx, treballa en una taula que hi ha al rebedor, i com que les portes estan permanentment obertes, la gent entra quan vol i l'interromp contínuament, però no sembla que aquesta situació el molesti. Sempre té una paraula per a tothom, sigui qui sigui el visitant. Pot ser un indi que ven artesania, un veí que ve per fer petar la xerrada o algú que ve a demanar ajuda. És el cas d'un camperol negre que porta un gran barret de palla i que viu als afores de São Félix. El camperol li demana diners per poder pagar el viatge de tornada al Maranhão a una dona que ha acollit a casa perquè la va abandonar el marit. Casaldàliga li promet ajuda i l'acomiada fent gala del seu sentit de l'humor: «¿Avui portes barret per no posar-te més moreno o potser és que tens por que et caigui la pell i et tornis blanc?». El camperol, sorprès per l'acudit, s'allunya fent una riallada.

Encara li queden moltes cartes per contestar i moltes interrupcions per davant. La manera com viu aquesta situació fa pensar que no hi ha res més urgent que el que està fent en aquell precís moment. Sempre té pressa, però sempre té temps. Recordo que quan vaig estar amb en Moura a Goiânia em va definir Casaldàliga com una persona que «mai no està de pas». Durant el temps que he estat amb ell mai no he tingut la sensació que quan està fent una cosa o és en un lloc la seva ment sigui en una altra part. «Jo sóc el dia d'avui —em diu— , el dia de demà vindrà, però cada dia té el seu propi pes. No sé si saps que jo tinc un poema en castellà que diu "*Consejo que doy, me doy, / lo que has de pasar mañana no quieras sufrirlo hoy, / lo que hoy no puedas hacer déjalo para mañana / y hasta quizás para ayer*". En això els pobles indígenes ens donen una gran lliçó. Viuen del dia a dia, no viuen de l'estalvi i amb l'obsessió pel demà. Cacen, mengen, fan festa... Això no vol dir que no es pugui ser més o menys previsor, però ells no viuen per a l'acumulació. Recordo un acudit que deia que hi havia un senyor tan i tan pobre que només tenia molts diners... Potser algú dirà: "mira aquest capellà, com que és solter i no té fills, per això parla així". Jo no dic que no s'hagi d'estalviar, però és que el futur el tenim a les mans encara. El dia d'ahir va ser, i el dia de demà encara no és. Jo miro de viure l'herència d'ahir i miro de somiar i de preparar el futur però vivint el dia d'avui. Penso que cada dia ben viscut fa una vida.»

Les parets de la casa estan despullades. Només maons i fang. Tal vegada per vestir-les una mica, Casaldàliga les ha anat omplint de fotografies, objectes i records. Pedaços de vida que pengen de cada racó i que apareixen a la cuina, a l'eixida, al rebedor i a la seva habitació. No hi ha un sol objecte que no tingui una història al darrere. Una imatge de la moreneta envoltada per una pintura acolorida de Cerezo Barredo, un poema gravat en una fusta dedicat a l'arquebisbe Romero, una creu de cuiro que va fer un pres polític brasiler en el temps de la dictadura, premis, fotografies i un gra de mostassa emmarcat amb una frase que diu: «Si la vostra fe fos tan gran com aquest granet de mostassa remouríeu les muntanyes». I Casaldàliga em mira i insisteix: «Remouríeu les muntanyes, gent del primer món».

Damunt d'una calaixera retrobo uns objectes familiars: tres pinyes obertes. «El pi és el meu arbre —em diu— el segon seria el xiprer, i el tercer, naturalment, el mango. M'agrada tenir pinyes, em fan recordar els boscos de Balsareny, són un lligam amb Catalunya...» A l'habitació on dorm, de dimensions molt reduïdes, també hi ha pinyes i altres objectes que el connecten amb els seus orígens. A més d'un pòster del Che Guevara, una fotografia d'Hélder Càmara, una altra de Milton Nascimento i una imatge de sant Francesc, Casaldàliga té emmarcada, amb una petita senyera, la seva partida de naixement, una barretina descolorida que algú li va regalar i una postal del castell de Balsareny. «Jo crec que ara sóc més català que trenta o quaranta anys enrere —em diu amb convenciment—. El fet de viure de prop les lluites i reivindicacions dels pobles indígenes m'ha retornat una mica a la meva maltractada tribu, i potser el fet de ser català m'ha ajudat a tenir més sensibilitat envers els problemes de llengua i identitat dels indis i no caure en la temptació de l'imperialisme cultural. ¿Saps què passa, també? Que en aquesta terra he après a viure totes les fronteres possibles. Fronteres culturals, econòmiques, socials, militars... Fronteres de vida i de mort, fronteres religioses... Aquesta experiència et fa ser per un cantó més lliure, més obert i més comprensiu, i per l'altre cantó t'obliga a ser més radical en la teva pròpia identitat. Radicalitat ve d'arrels i jo com més va sento amb més força les meves arrels. No sóc un fanàtic catalanista, però de tant en tant em ve una sotragada d'enyorança i recordo la masia de Candàliga, el pa amb tomàquet, la simplicitat i el silenci de pedra d'una capella romànica, o, simplement, em ve al cap una cançó popular apresa durant la meva infantesa...»

Una altra connexió de Casaldàliga amb les arrels és la llengua. Per ell escriure en català és un esforç, està molt més habituat al portuguès o al castellà, i sempre té el diccionari al costat per evitar que se li escapi alguna «brasilerada». Segons reconeix, escriure en català, després de les prohibicions que va haver de viure durant el franquisme i de la renúncia que implica viure lluny de Catalunya, és una manera de sobreviure: «Jo he seguit escrivint en català no per salvar la pàtria, sinó per salvar-me... El que passa és que la persona que escriu en més d'una llengua no n'escriu bé cap. També és una riquesa perquè et comuniques amb més gent, però actualment tinc molta més facilitat amb el portuguès que no pas amb el català. El portuguès fa trenta anys que el parlo i el català només el parlo de tant en tant, quan apareix per aquí alguna figura estranya com ara tu». Casaldàliga té un poema en el qual canta la relació especial que manté amb les tres llengües de la seva vida. Es diu «Jo, yo, eu».

Por tres fuentes me derramo
y no me derramo entero,
el agua más honda y mía
se me está quedando dentro.
Jo, yo, eu.
Los tres.
Ninguno.
El bressol d'un temps més alt
me nace y me niega al mundo.

(Cachoeira sou
camino de acequia
i aigua de pou.)

Por tres lenguas digo más,
tres lenguas me dicen menos.

Si las tres son fuentes mías
sólo yo soy el venero.

Cada vegada que l'escolto parlar de Catalunya tinc més clar el convenciment que no hi tornarà. Les seves paraules sentides deixen veure una relació íntima i estreta amb el seu país d'origen, però la seva vida està construïda sobre opcions fermes i cada opció comporta un renúncia. «Hi ha gent que viu amb els peus en un lloc i el cap i el cor en un altre —em respon—. Jo visc aquí amb els peus, el cap i el cor, i visc una altra cultura que em fa vibrar tant com el pa amb tomàquet, la sardana o la senyera. A més, jo sóc bisbe i tinc unes responsabilitats que no puc defugir, i si hi anés podria caure fàcilment en una mena de vedetisme que no m'agrada gens. Ara un sopar aquí, ara allà i un homenatge no sé on. Acabaria convertint-me en una mena d'artista i, amb tot el respecte pels qui ho fan, perquè no els vull criticar, això no va amb mi. Cadascú és com és.»

Em resulta difícil imaginar-me Casaldàliga a Catalunya, però encara em costa més imaginar-me'l jubilat. Encara falta temps per a això, els bisbes no es jubilen fins a setanta-cinc anys. «Crec que els bisbes hauríem de plegar abans —em confessa—; això d'allargar-ho fins als setanta-cinc em sembla un gra massa. El que sí que tinc clar és que quan em jubili no em quedaré a la regió; em sembla que destorbaria el bisbe que vingués a substituir-me. Potser m'agradaria retirar-me a algun monestir, però n'hauria de ser un que no em distanciés dels pobres; m'agradaria no perdre mai el contacte amb el poble.»

Des de fa trenta anys, des que va entrar en contacte amb el que ell va definir com els «pobres de l'Evangeli», la seva vida ha quedat definitivament lligada al destí dels pobres d'Amèrica Llatina. Aquest és el motor de la seva existència i l'ideal que condiciona el seu futur. «No m'agrada gaire mirar enrere —diu en to concloent—, només miro enrere en el sentit que sé perfectament que la memòria històrica i les arrels ens permeten ser el que som i el que serem. Penso que es pot mirar endavant amb força utopia si al mateix temps fem que la utopia sigui justificada. Sant Pere diu que hem de donar raó de la nostra esperança i hem de donar raó també de la nostra utopia. Donar raó no només amb la nostra paraula sinó també amb els nostres fets, amb la nostra vida i, quan arriba l'hora, també amb la nostra mort.»

En un dels seus poemes Casaldàliga diu: «Que mi palabra, Señor, no sea más que mi vida». Un vers que remarca la seva obsessió per la coherència: el que diu i el que pensa no ha de ser mai més important que el que fa. «Em sembla que és molt més important tenir l'última sensibilitat que no pas tenir l'última paraula —afirma—. Aquest posar-se en la pell de l'altre i compartir-ne el sofriment i l'amor és seguir una de les actituds més característiques de Jesús: la misericòrdia. El pitjor que hi ha és perdre aquesta sensibilitat que et fa estar al costat dels qui lluiten i pateixen. A més, aquesta sensibilitat, quan la comuniquem, ens obliga a donar "mala consciència" a la gent. Recordo fa anys un jesuïta que feia un programa de ràdio i sempre l'acabava amb la frase: que passeu una mala nit. Aquesta sensibilitat ens obliga a no veure només els efectes sinó veure també les causes. De vegades em trobo que els periodistes em pregunten més per la meva vida que no pas per les meves causes, més per les anècdotes que no pas per la substància vital. Això és quedar-se en la superfície, només és màrqueting. Jo sempre dic, canviant la frase d'Ortega y Gasset, que jo sóc jo i les meves causes, i les meves causes valen més que la meva vida.»

Ens acomiadem a la pista del petit aeroport de São Félix. Ens fem una abraçada llarga, intensa i sincera. Ara, després de tot el que he viscut aquests dies, em sento més lligat a aquesta terra i molt més pròxim a Casaldàliga. Ens diem adéu i no sé per què, però estic totalment convençut que algun dia el tornaré a veure. No sé com, on ni quan, però el tornaré a veure. Mentrestant, encara em ressonen per dins les seves últimes paraules: «les meves causes valen més que la meva vida».

BIBLIOGRAFIA UTILITZADA

OBRES DE PERE CASALDÀLIGA

Uma Igreja da Amazonia en conflito com o latifundio e a marginalizaçao social (1971).
Clamor elemental (1971). Sígueme.
Yo creo en la justicia y en la Esperanza. El Credo que ha dado sentido a mi vida (1975). Desclée de Brower.
La muerte que da sentido a mi Credo (1977). Desclée de Brower.
Pere Llibertat (1978). Claret.
Aïrada esperança (1978). Claret.
En Rebelde fidelidad (1983). Desclée de Brower.
Nosso Catecismo (1983).
Nicaragua, combate y profecía (1986). Ayuso/Misión Abierta.
El tiempo y la espera (1987). Sal Terrae.
Encara avui respiro en català (1987). Claret.
Cartes des del Brasil (1989).
Todavía estas palabras (1990). Verbo Divino.
Llena de Dios y tan nuestra (1991). Publicaciones claretianas.
A l'aguait del regne (1993). Claret.
Sonetos neobíblicos precisamente (1996). Nueva Utopía.
El cuerno del jubileo (1998). Nueva Utopía.

ALTRES OBRES

CABESTRERO, TEÓFILO. *Una Iglesia que lucha contra la injusticia* (1973). Misión Abierta.

En lluita per la pau. Les causes de Pere Casaldàliga (1991). Claret.

El somni de Galilea (1993).

CODINA, VÍCTOR. *Parábolas de la Mina y el Lago* (1990).

FORCANO, BENJAMÍN. *Siempre es posible la utopía* (1991).

MARTINS, EDILSON. *Nos do Araguaia* (1979).

MOURA, A. C. I ALTRES AUTORS. *Brasil Hoje: A Igreja dos oprimidos* (1981).

SUMARI

15 - Dialeg interior
19. Relativisme xxx
20
27 Fartanera
28 Reflexio
38 xxx
42 TOTA ACUMULACIO...
45 - OK.
65 OK BISBE
66 67 DELICIOS
73 70 anys BO
74 Manefla
75 SI
80 - POETA
88 - BO, BO XX
90 - RAR
98 Rigoros!
101 prematura senectud
105 II MAGI
106 Engany
116 INPONENT XXX
117 OK VERITAT
118 un poble no es reflex
120 VIDA NOVA
141 SANT
151 PRIVATISTA OK
160 — TRIST

164 - Revolucio
166 - Resum llibre
172 FE
175 FANTASTIC
XX 176 VERITAT XX
177 178 · TOT · BO
178 (MADURESA)

121 XXXXXX

166 XXXXX XXX

188 XXX